世界主要经济体

货币政策框架的形成及其演进

李星辰◎著

中国言实出版社

图书在版编目(CIP)数据

世界主要经济体货币政策框架的形成及其演进 / 李星辰著. -- 北京：中国言实出版社，2024. 10.
ISBN 978-7-5171-4969-9

Ⅰ. F821.0

中国国家版本馆CIP数据核字第2024DN1440号

世界主要经济体货币政策框架的形成及其演进

责任编辑：张　朕
责任校对：佟贵兆

出版发行：中国言实出版社

地　　址：北京市朝阳区北苑路180号加利大厦5号楼105室
邮　　编：100101
编辑部：北京市海淀区花园北路35号院9号楼302室
邮　　编：100083
电　　话：010-64924853（总编室）　010-64924716（发行部）
网　　址：www.zgyscbs.cn　　电子邮箱：zgyscbs@263.net

经　　销：新华书店
印　　刷：北京虎彩文化传播有限公司
版　　次：2024年11月第1版　　2024年11月第1次印刷
规　　格：710毫米×1000毫米　　1/16　　13.5印张
字　　数：154千字

定　　价：58.00元
书　　号：ISBN 978-7-5171-4969-9

前　言

　　2008 年全球金融危机时期和新冠疫情时期，是各国货币政策"大显神威"的两个时期，但是新冠疫情冲击经济的传导模式，与其他危机不同。2008—2009 年全球金融危机，首先严重冲击金融市场，随后通过对信心的负面影响以及企业和家庭信贷条件的收紧，传导到实体经济。新冠疫情冲击则恰恰相反，疫情导致全球供应链中断，国际贸易受阻，许多实体行业遭受重创。2020 年 3 月，发达经济体的信用利差普遍激增。很多国家的商业票据市场，以及资产支持证券（ABS）和按揭抵押债券（MBS）市场近乎冻结。股票价格大幅下跌，各类资产的隐含波动性大幅上升。全球范围的取现也扰乱了固定收益市场。美国国债遭遇抛售，长端收益率大幅上升，而欧元区主权债务利差也显著拉宽。在新兴市场经济体，新冠疫情导致资本流入的骤停，这减少了私人和公共部门的外部融资。资本流入的减少导致了货币的急剧贬值和金融环境的进一步紧缩。在部分新兴市场国家，本币债券遭到抛售，政府债券收益率急剧上行。

　　根据全球主要央行应对新冠疫情冲击的货币政策数据库，各国货币政策数量在 2020 年 3 月初达到高峰，而且随着时间推移，政策并不相同。央行的直接目标是通过确保金融系统的平稳运行，来缓解经济活动的收缩。最初的货币政策，主要涉及政策利率。随着封锁措施开始实施，央行开始转向贷款工具。这些工具为银行提供流动性，从而鼓励银行向受封锁措施影响的企业提供贷款。与此同时，央行尤其是新兴经济体央行，通过外汇操作缓解汇率压力，减少汇率波动。随着时间推移，涉及资产购买的政策越来越多。在新冠疫情初期，央行的重点是改善市场运作，而在后期，央行重点转移到促进私人和公共部门的融资。央行都在使用准备金政策，以释放受审慎监管限制的流动性。发达国家使用的工具主要是贷款或者资产购买，也包括汇率政策和利率政策，准备金政策不太使用。对于新兴市场国家，最常用的工具也是贷款，但是其他工具与发达国家有所区别。新兴市场国家使用了更多的利率政策、外汇政策和准备金政策，资产购买较少。地区间也有区别，拉丁美洲的央行实施外汇操作的比例较高，东欧、非洲和亚洲的央行使用利率政策的比例较高。

本书通过分析不同国家在不同时期的货币政策框架，来研究世界主要经济体货币政策框架的形成及其演进，为中国以后应对"灰犀牛"和"黑天鹅"事件，在货币政策实施方面提供启示。第一章主要分析美国货币政策框架。由于美元作为主要的世界货币，参与石油、粮食等国际大宗商品的结算，美国的货币政策影响全球，所以首先分析美国的货币政策在不同时期的变化。第二章和第三章分析欧盟货币政策框架和其他发达经济体货币政策框架。发达国家的货币政策相对成熟，并通过溢出效应影响世界经济，所以在第二章和第三章主要分析欧盟和其他发达国家的货币政策在不同时期的应用。第四章分析中国货币政策框架。中国作为最大的发展中国家、世界性的大国，研究中国的货币政策框架的变化对世界各国经济健康发展具有重要意义。第五章主要分析其他新兴经济体货币政策框架。除中国之外的其他经济体虽然货币政策框架不如发达国家完善，但在发展过程中与中国面对相似的经济问题，研究这些新兴国家的货币政策框架对中国货币政策框架的完善有重要的参考意义。

目 录

第一章　美国货币政策框架

20世纪20年代，美国货币政策自由主义导致金融市场波动，大萧条期间胡佛政府放任政策加剧危机，罗斯福政府实施新政，通过紧急银行法等措施稳定银行系统，推行扩张性货币政策促进经济复苏。二战后至21世纪初，美国货币政策经历了不同阶段，包括高利率和量化宽松政策，以控制通胀和促进增长。新冠疫情暴发以来，美联储采取量化宽松政策稳定市场，但也带来全球通胀风险。

一、大萧条时期美国货币政策框架

（一）大萧条时期货币政策背景

1. 股票市场崩盘与经济危机的降临

20世纪20年代是美国经济发展史上一个极具标志性的时期。美国经历了一段繁荣的时期，被称为"柯立芝繁荣"。这个时期，美国经济蓬勃发展，各行各业高歌猛进，城市面貌焕然一新。

随着第二次工业革命的推动，美国迅速完成了从农业国到工业国的转变，而且在一战后美国进入了所谓的"黄金时代"，成功奠定了其世界第一经济强国的地位。20世纪20年代，美国的工业继续保持高速发展，汽车、电力、铁路、航空、建筑、电影等诸多行业都取得了空前的飞跃。城市摩天大厦鳞次栉比，城市郊区化进程也在不断发展，使得城市的辐射化发展得以实现。汽车工业尤为突出，到1929年，美国的汽车拥有量已经超过了电话拥有量，平均每5个人就拥有一辆汽车。这种汽车普及率，在当时世界范围内都是独一无二的。福特汽车公司、通用汽车公司、克莱斯勒汽车公司等成了当时极具代表性的汽车企业。汽车工业的存在和飞速发展，对于与其相关的石油、公路、钢铁、机械、橡胶等产业，以及依赖于汽车行业存在的诸多产业，都起到了巨大的推动作用，成为美国经济繁荣的一大有力杠杆。

除了汽车工业外，20世纪20年代还见证了美国经济管理领域的诸多变革。科学管理制度和流水线生产制度在各行各业得到了广泛应用，极大地提高了生产效率。此外，20世纪20年代的美国政府奉行着自由主义经济政策，倾向于尽可能少地干预经济。这一背景下，美国的企业兼并盛行，管理权与经营权相分离的现代企业制度逐步确立，连锁企业蓬勃发展，企业界一片欣欣向荣。仅从1920年到1924年间，美国的货币存量就由81.58亿美元上升到88.46亿美元。

然而，在这一片繁荣之下却存在着诸多暗流涌动。首先，是柯立芝政府的保守态度。共和党政府在20世纪20年代一贯奉行纯粹的自由主义经济政策，倾向于尽可能少地干预经济。这确实减少了对企业的束缚，但是疏于管理，使得企业的兼并势头过猛，同时手段过激，并不利于企业界的健康发展。工业的大踏步前进缺乏相应的督导机制，很多发展过于盲目。其次，是收入分配上的不公，呈现严重的两极分化之势。这样悬殊的贫富差距，使得人民普遍缺乏购买力，与大幅跃进的生产力水平无法匹配，有效需求和供给之间的差距不断拉大。同时，由于企业兼并盛行，企业集中度不断提高，使得企业对于价格的敏感度下降，从而价格没有及时客观地体现出市场需求的变化，这在一定程度上掩盖了业已存在的问题。第三，农业在整个20世纪20年代长期处于萧条之中，整个国民经济发展极不平衡，这为以后的危机埋下了隐患。第四，股市的高涨同样存在大量泡沫，整个金融系统过热而无人为之降温。其中，最突出的表现之一是股票市场的波动和操纵，这直接影响了整个经济体系的稳定性和可持续性。

20世纪20年代，股票投机盛行，尤其是在1927年，股市出现了脱离应有轨迹的现象。英格兰银行行长莫塔古·诺曼、德意志银行行长海尔默·斯科特、法兰西银行副行长查尔斯·李斯特三人联袂来到美国，请求美国联邦储备银行放松银根。联邦储备银行当时答应了他们的请求，降低了纽约联邦储备银行的再贴现率，使之从4%降为3.5%。然而，这一举动被认为是极为轻率的，导致了股市大量资金的涌入，而这些资金并没有被用于投资实体经济，而是纷纷转化为热钱投入股市中进行投机性炒作，加剧了股市的非理性攀升。

进入1928年，股票价格的大幅涨跌渐趋频繁，波动性越来越大。股票市场原本应该是一个典型的体现基本供需规律的市场，证券交易所也一直是如此宣传的。然而事实上，股票价格很多时候都是受到人为操纵的。虽然缺乏确凿的证据，但是华尔街的金融大亨们曾联手哄抬股市是一个被普遍相信的说法。其中，嫌疑最大的人是约翰·拉斯科布（John J. Raskob）。他本人是华尔街交易商，通用汽车公司的董事，与杜邦公司的巨头联姻，并且当选为民主党全国委员会主席。他在1928年3月23日发表讲话称，他看好通用汽车公司的股票继续上涨。而其后很短的时间内通用汽车的股票价格确实大幅上涨了。与其说拉斯科布先生是名预言家，莫不如相信他依靠自己华尔街金融大亨的实力操纵了这些股价变化。另一个嫌疑人是威廉姆·杜兰特（William Crapo Durant）。作为通用汽车公司的创始人，他却被拉斯科布排挤出了通用公司，此后改行做股票投机商，大肆玩弄操纵股价牟利的游戏。以拉斯科布和杜兰特为代表的这些华尔街股票投机商，通过各种运行于幕后的非法运作，甚至是投机商之间大规模的联合行动，肆意哄抬股价，为自己牟取暴利。

即便是自由主义经济的狂热信奉者胡佛总统，也为如此日益高涨的投机热潮深感不安。然而颇具讽刺意味的是，胡佛当选总统当天，股市暴涨。1928 年 11 月 20 日，股市再创新高，达到了 650.323 万股。《纽约时报》说，"就飓风般的猛烈程度而言，昨天的股市是华尔街历史上前所未有的"。

除了股票市场的波动和操纵外，美联储在当时也扮演了一个负面角色。美联储前主席格林斯潘认为："当商业活动发生轻度震荡时，美联储印制了更多的票据储备，以防任何可能出现的银行储备短缺问题。美联储虽然取得了胜利，但在此过程中，它几乎摧毁了整个世界经济。美联储在经济体制中所创造的过量信用被股票市场吸收，从而刺激了投机行为，并产生了一次荒谬的繁荣。"

除了股票市场和美联储的问题外，20 世纪 20 年代的房地产泡沫也是不容忽视的一个方面。特别是佛罗里达州的房地产业，其价格节节攀升，达到了不可思议的程度。大多数投资者将房地产视为一种炒作工具，而不是真正的房产投资。这种投机行为导致了地价的快速上涨，甚至出现了一夜暴富的现象。然而，这种炒作并没有带来实质性的经济增长，反而加剧了市场的不稳定性和泡沫化趋势。

这种表面上的繁荣在 1929 年 10 月 24 日被彻底打破，这一天被称为"黑色星期日"。股票市场全面崩盘，股市暴跌，整个证券市场陷入了彻底的无序和恐慌状态，11 名著名的华尔街证券投机者甚至自杀。尽管金融大亨们采取了有组织的救市行动，但整个大势已无可挽回。此后，金融界的危机迅速向各行各业蔓延，大萧条正式拉开帷幕。

2. 金融系统过度扩张与第一次银行危机的爆发

股票市场的崩溃往往不是单一原因所致，而是复杂因素的交织。在历史上，特别是 20 世纪初的美国，股票市场崩溃的原因显得尤为复杂且深刻。深入探究这一时期股市动荡的原因，可以发现其中的关键点和结论。

首先，保证金交易是导致当时金融市场投机风潮的重要因素之一。20 世纪 20 年代，投机者们热衷于以最小的投入获取最大利润。在这种背景下，保证金制度应运而生，成为投机者们的利器。保证金制度允许投机者只需支付相当于证券价格 10% 的保证金就能获得全部财产所有权。这种制度使得投机者能够借助杠杆原理，以手头资产的 10 倍甚至更多来进行投资活动，大幅提升了他们的操作能力。更重要的是，很多投机资金来自银行，证券经纪人只需支付微不足道的保证金即可从银行获得大量贷款，这种无条件交易形成了对投机者的巨大吸引力。通过保证金交易，投机者可以在股市中肆意赚取溢价，而不必承担过多的所有权费用，从而降低了运作风险，提高了操作能力。因此，保证金交易在 20 世纪 20 年代的股票市场崩溃中功不可没。

其次，投资信托也是导致股票市场动荡的重要因素之一。投资信托通过购买不同品种的普通股组合，使其资产在短期内迅速膨胀，从而实现杠杆运作原理牟利。更为关键的是，如果信托投资者之间互相持股，那么他们的名义资产还将以几何级数扩大下去，进一步放大了市场波动的风险。

此外，美国建立的联邦储备体系也在一定程度上影响了股票市场的波动。虽然联邦储备体系的建立旨在完善金融系统的运作、规避金融风险，但其决策失误也给市场带来了不小的冲击。比如，1927 年错误地降低再贴现率，导致经济滑坡的加深，给市场注入了更多的不确定性和动荡。

所以，20 世纪 20 年代美国股票市场的崩溃是多种因素综合作用的结果。保证金交易和投资信托的滥用，以及联邦储备体系的决策失误，共同导致了股市波动的加剧和市场信心的动摇。这一时期的经验为我们提供了宝贵的教训，警示我们在金融市场中谨慎行事，避免重蹈覆辙。同时，也提醒我们加强金融监管，规范金融市场秩序，以促进金融稳定和经济健康发展。

在 20 世纪 20 年代末期，银行业务蓬勃发展，分期付款和抵押贷款等金融工具迅速流行，成为企业和个人的首选。银行系统为满足客户需求，不断提供更多样化、满意度更高的服务，各大银行竞相扩大业务范围。然而，这种扩张带来了一个不容忽视的负面效应——信贷质量下降。据统计，在 20 世纪 20 年代末期发行的证券和贷款中，违约和丧失赎取权的频率比 20 年代初期更高。这意味着银行业务的扩张可能并非完全可持续，而且可能会对整个金融系统造成不利影响。

与此同时，银行间的兼并现象也在加剧。大银行通过广设分行并排挤小银行的方式，迫使它们无法继续运营，从而实现了兼并目标。到 1930 年，大银行开设的分行数量已超过 3500 家，其中花旗银行、大通银行等成为兼并活动的领导者和最大受益者。尽管兼并一定程度上提高了银行的竞争力，并整合了经济资源，但也带来了诸多负面影响。学者认为，银行业的肆意扩张和兼并大大降低了整个银行系统抵御外来风险的能力，进而加剧了金融系统的不稳定性。

1930年11月11日，美国银行的破产事件进一步凸显了银行业面临的挑战。尽管美国银行只是一家普通的商业银行，但其破产引发了严重后果。由于其特殊地位和联邦储备体系成员身份，人们普遍将其视为官方银行的代表，因此破产事件给整个美国银行体系带来了沉重打击。更令人遗憾的是，这场破产本可以避免。纽约州立银行监管官提出了一个合并方案来拯救美国银行，然而，由于清算所银行退出援助计划，最终导致方案破产，美国银行不得不倒闭。此后，一系列银行相继宣布进入歇业期甚至破产，引发了第一次全面银行危机。到1933年3月，大约一半的州都宣布进入银行歇业期，银行业面临着前所未有的挑战。

这一系列事件的发生揭示了20世纪20年代末期银行业面临的诸多问题和挑战。银行业的快速扩张和兼并带来了一定的好处，但也加剧了金融系统的不稳定性，使得银行业面临着严重的危机。这一时期的银行业危机成为金融史上的重要事件，为后续金融体系改革提供了宝贵经验教训。

（二）胡佛政府放任自流的经济政策

在20世纪初期，美国经历了一场严重的经济危机，其根源可以追溯到股票市场的崩溃和银行业面临的巨大挑战。在这场危机中，赫伯特·克拉克·胡佛（Herbert Clark Hoover）执掌着美国政府。对于这场危机，胡佛坚持认为，这是经济的自然规律使然，政府干预并不能根本性改善情况。相反，他更多地寄希望于企业家和金融家们的自律和奉献精神。然而，他的政策并没有取得预期的效果。

在对胡佛政府的经济政策进行深入分析时，我们不得不意识到，这段历史时期充满了争议和辩论。然而，无可否认的是，胡佛政府的经济政策未能在美国陷入大萧条的危机中挽救经济。尽管一些学者认为这并非完全是胡佛个人的过错，而是时代发展的必然结果，但普遍的观点仍然认为，胡佛政府的政策在他下台后被视为彻底的失败。1932 年，美国失业人数占总劳动力的 25%，这一数字足以说明胡佛政府未能有效应对当时的经济困境。

对于胡佛政府未能挽救美国经济的原因，有不同的解释。一些学者，如弗雷德里克·刘易斯·艾伦，认为胡佛碰巧担任总统的时间恰逢经济形势极为严峻，即使是任何其他人也很难在这样的情况下扭转局面。然而，把所有责任归咎于时代发展的瓶颈可能是有失公允的。胡佛政府采取的一系列经济政策中，相当一部分并没有起到应有的作用，反而加深了经济衰退的程度。

胡佛是自由市场经济的坚定支持者，他强烈反对政府以任何方式干预经济的运行。他认为商品的生产和分配应该基于健全和繁荣之上。这种观念在一定程度上源自于胡佛个人的背景和信念。作为一名大富豪，胡佛自然倾向于支持有利于大资产阶级利益的自由主义经济政策。他坚信个人奋斗可以带来成功，而政府的过多干预只会适得其反。此外，20 世纪 20 年代美国的学术界和思想界普遍倾向于保守主义的经济方针，这种传统思想的影响也反映在胡佛政府的政策中。

具体来看，胡佛政府在应对农业危机和国际贸易方面采取了一些政策，但结果却并不理想。1929 年 6 月 15 日，美国国会通过了《农产品销售法》，建立了联邦农业局并拨付了 5 亿美元资金，同时鼓励农民自愿减少耕地。然而，这种基于自愿和个人道德品质的自我约束很难取得成功。在经济危机严峻的大环境下，要求农民进一步自愿减少耕地显然是不切实际的。虽然减少耕地在一定程度上有利于农产品价格的保持，但缺乏强有力的法律和制度约束，这一政策难以长期维持。

1930 年 6 月 17 日，国会颁布了《霍利—斯穆特关税法》，提高了大约几十种农产品和近千种制造品的关税率，旨在保护国内市场，尤其是农业市场。然而，这一政策的结果却是完全适得其反。关税率的大幅提高引发了贸易战，导致出口急剧下降，进一步加剧了经济困境。当年，全国税收收入下降了 3.37 亿美元。此外，这一政策也对整个国际社会造成了不良影响，引发了各国之间的关税战。

然而，随着危机的深入和总统大选年的到来，胡佛不得不采取更积极的举措来挽救国民经济和自己的政治生涯。胡佛政府采取了一系列措施，包括减税政策和成立复兴金融公司等，但这些举措未能实现根本性的改变。1932 年 1 月 1 日，他促成了复兴金融公司的建立，这是一个重要的举措，然而却未能达到预期效果。复兴金融公司成立初期虽然获得了大笔资金，但大部分资金流向了大企业和财团，而非用于拉动经济回升的公共事业和中小企业。此外，胡佛政府在 1932 年竟然出台了增税法案，进一步加剧了经济困境，导致净收入的税收下降，经济陷入更深的泥潭。同时，大萧条不仅影响到美国国内，还对全球经济造成了深远影响，成为一场全球性的经济危机。这种系统性危机的处理极为困难，牵一发而动全身，使得应对者束手束脚、无计可施。需要全球范围内的合作和协调来应对。

胡佛在面对 20 世纪初期的经济危机时，未能有效解决问题，其政策的失败最终导致了胡佛政府的政治失败，他在当年的大选中仅在 6 个州占据了上风，政治生涯宣告终结。胡佛政府在应对大萧条时期的经济危机中未能采取有效措施，其自由市场经济理念在当时的情况下并没有发挥出预期的作用。胡佛政府的政策在一定程度上加深了经济衰退，并且在农业和国际贸易领域的政策表现尤其不尽如人意。

（三）"新政"时期货币政策框架及其特点

1. 1933—1934 年第一次"新政"时期罗斯福政府的货币政策

在 20 世纪 30 年代初，美国陷入了一场严重的经济危机，其规模和程度远远超过了以往的经济困境。有学者认为，这一时期的形势比通常的经济危机要严峻得多。当时的总统富兰克林·罗斯福（Franklin D. Roosevelt）上台之后，面对这一史无前例的大危机，必须对整个国家的经济政策进行大力度的调整和改革。

罗斯福政府认识到货币政策的重要性，采取了一系列前所未有的经济政策，特别是货币政策的调整和改革。紧急银行法等措施成功地遏制了银行系统的混乱，为经济复苏奠定了基础，同时也标志着美国经济政策的一次重大转变。

在货币政策方面，罗斯福政府和经济学界存在着分歧。一方认为应确立政府干预市场运行的观念；另一方则主张市场经济有自我调节的功能。这种分歧贯穿了整个新政初期，导致罗斯福的货币政策一直在保守和激进之间摇摆不定。然而，在新政初期，保守主义在货币政策中占据主导地位。罗斯福沿用了胡佛时代的银行管理团队，这一决定在当时证明是正确的，因为这个成熟老练的团队对于罗斯福初期的货币政策的贯彻执行起到了相当大的作用。

因为银行系统是一个国家的经济心脏，它能否正常运转，直接关系到解决经济大萧条的关键。然而，20世纪30年代初的银行系统处于动荡不安的状态。尽管分支银行制度曾被视为解决方案，但从1927年到1931年，分支制银行的倒闭数量迅速增加，这使得从根本上改变银行制度变得不可能。即使是维持银行系统的正常运行，也变得异常困难。美国政府当时手中的通货只有55亿美元，而维持银行系统运行所需的资金远远超过了这个数额。

对于罗斯福政府来说，恢复银行和金融系统的正常运作是一项艰巨的任务。全国各地的银行数量众多、种类繁多，资本实力悬殊。面对这种局面，罗斯福决定采取《紧急银行法》等措施来应对。1933年3月6日，罗斯福宣布全国银行业放假，暂停银行业的运作，给予政府足够的时间来解决问题。《紧急银行法》的实施成功地遏制了银行业的混乱局面，确保了银行系统的运作，为经济复苏创造了条件。

《紧急银行法》的主要内容之一是关闭已经破产的银行，重组有足够实力生存下去的银行并使之重新运营。法案还批准美联储发行一定数量的货币，即联邦储备银行票据，这可以看作是罗斯福开始考虑脱离金本位制的一个征兆。另外，法案规定禁止民间储藏和输出黄金，形成了1933年的黄金风波。虽然这些措施可能在当时引起了一些争议，但最终它们成功地控制了黄金流出，并增强了政府的财政实力。

罗斯福在解决银行问题时采取了相对保守的策略，这表明了他对经济稳定的重视。与在矛盾尖锐时采取激进手段相比，他选择了稳定局势并逐步解决问题的方法。这种相对保守的处理方式让罗斯福顺利度过了最艰难的时刻。通过《紧急银行法》，一批被认定为健康、具备生存能力的银行得以重新开业，货币开始重新向银行回流，证券交易所也相继重新开业，这标志着罗斯福成功地将银行系统从濒临崩溃的边缘拉了回来。

《紧急银行法》对于美国的经济振兴具有不可低估的重要性。该法案的迅速实施为罗斯福政府提供了缓冲矛盾和应对银行危机的关键工具。首先，这项法案赋予了罗斯福足够的时间来平稳处理经济危机，并避免了可能导致经济崩溃的激烈对抗。其次，它为罗斯福提供了应对危机的权力，使其能够采取必要的措施来稳定金融市场。

随后通过的《节约法》进一步体现了罗斯福政府在应对经济危机方面的决心。这项法案大幅削减了联邦政府的总预算，其中包括对退伍军人福利金的削减。然而，这一决定并非没有争议。有人认为，取消患病是否与战时经历有关的规定会影响到很多退伍军人的权益，但罗斯福政府依然坚持了这一政策。此外，该法案还赋予了总统更大的自由来自行决定今后的预算调整，进一步扩大了罗斯福的权力范围。

然而，从经济角度来看，这些政策也存在一些问题。尽管《节约法》旨在削减开支以平衡预算，但实际效果却可能适得其反。削减预算导致货币存量降低，进而加剧了通货紧缩，进一步削弱了整体需求，从而无助于改善当前的经济状况。一些议员和经济学家曾提出扩大财政支出的建议，但这些声音未能被充分重视。

此外，一些学者和观察家指出，《紧急银行法》和《节约法》体现了当时罗斯福政府在经济政策上的保守倾向。受到国会保守势力的影响，罗斯福倾向于采取传统的收支平衡理念，而非采取更激进的货币政策。实际上，不仅是国会，投资者、企业和主流经济学家也都支持保守主义货币政策。《紧急银行法》和《节约法》在罗斯福政府应对经济危机的历程中发挥了重要作用，但也暴露出一些经济政策上的局限性。尽管这些法案有助于稳定银行系统和平衡预算，但它们未能有效解决通货紧缩和经济衰退的根本问题。随着时间的推移，这些政策可能需要进一步的调整和修正，以更好地适应不断变化的经济环境。

"新政"中货币政策的调整和金融体系的改革也起到了至关重要的作用。首先，罗斯福意识到必须改变货币政策以刺激经济复苏。为此，他颁布了《农业调整法》和《格拉斯—斯蒂格尔法》。《农业调整法》旨在挽救农业危机，但通过《托马斯修正案》，赋予了罗斯福增加货币供给的权力。这标志着货币政策开始向适度加大开支的赤字政策转变，以刺激经济活动。

其次，《格拉斯—斯蒂格尔法》对金融体系进行了重大改革。该法案分离了商业银行和投资银行的职能，规范了金融系统各部分的经营范围和业务领域。这一举措确保了整个银行体系的良性运转，防止了金融风险的蔓延，从而为经济的稳定和复苏打下了基础。

此外，除了货币政策的调整和金融体系的改革外，罗斯福政府还采取了一系列措施整顿证券市场。《证券实情法》和《证券交易法》的颁布增加了证券市场的透明度，净化了证券行业。这为后续实行的货币政策奠定了基础，为经济的稳定和发展提供了坚实的支撑。

这些法案的出台和执行保证了近半个世纪美国金融领域的基本稳定。尽管在1999年，随着《格拉斯—斯蒂格尔法》的废除，金融监管出现了重大改变，但这些法案的影响仍然深远。特别是在2007年次贷危机爆发之后，人们开始重新审视过去的金融监管政策，呼吁恢复更严格的监管措施，以避免类似危机的再次发生。

2. 1935—1939 年第二次"新政"时期罗斯福政府的货币政策

在 20 世纪 30 年代，美国面临着严重的经济危机，经济动荡严重，国家陷入深度衰退。然而，随着时间的推移，第二次"新政"开始时，经济危机的最严重阶段已经过去，国民经济完全崩溃的可能性也减少了。尽管如此，罗斯福政府仍然面临着一个百废待兴的国家，需要采取措施重振国内需求，刺激经济，加速货币流动。在这样的背景下，出现了多种多样的想法和建议。

有些议员建议直接向每个公民发放 10 美元，无论贫穷还是富裕，男人、妇女、儿童都包括在内。这种措施旨在通过直接刺激个人支出来促进经济复苏。然而，也有一些议员反对增加货币发行或扩大政府支出，因为联邦政府背负了巨额债务，已达到 210 亿美元。另一些议员则坚持对财政预算平衡的维持，这种观点主要受到道格拉斯和摩根索的支持。

然而，罗斯福政府的思路明显倾向于采取扩张性的货币政策。1935 年 8 月 24 日，罗斯福签署了国会通过的《1935 年银行法》。然而，该法案的通过并非一帆风顺，因为它的激进性在国会中遇到了相当大的阻力。最终，是罗斯福政府的坚持和努力促成了该法案的通过。该法案的出台标志着美国货币政策的转变，重点开始瞄准美联储。《1935 年银行法》规定联邦储备委员会更名为联邦储备理事会，对联储高层进行重组，并由罗斯福亲自任命新任理事。这一改革大大增加了美联储的权力，包括自行改变再贴现率和法定准备金率的权力。此外，公开市场业务也被收归联邦所有。此前，储备银行自行进行政府债券买卖的权力被取消。该法案还规定联储理事会必须公开其所采取各项行动的完整记录。

通过《1935 年银行法》，罗斯福政府不再满足于充当国民经济的"救火队员"，而开始当起国民经济的"建筑师"。该法案的出台旨在从根本上改革银行业和货币体系，以确保联邦以后的政令能够畅通无阻地下达并得到忠实地贯彻执行。有学者将这次改革解释为对扩张性货币政策强大压力的回应。改革后，美联储的权力得到了大幅增加，同时也受到了更严格的监管和透明度要求。委员会的重组将其最高人事任免权交到了罗斯福手上，这一举措旨在解决联邦储备此前软弱管理的问题。过去，联邦储备作为国家的最高金融管理机构，未能有效履行其管理职能，其对国家金融货币体系的管理一直处于软弱状态，面对严峻的经济危机束手无策。大银行家、大金融资本家把持了联邦储备高层，使其更多地为自身利益服务，而不是整个国家的宏观经济发展。经过此次银行法的改革，联邦储备焕然一新，开始真正地承载起央行的职能和作用。

在以后的"新政"货币政策的推行过程中，新的联邦储备系统发挥了巨大的积极作用。它协调了整个银行体系的运行，为国民经济的恢复与发展提供了巨大的金融支持。通过加强货币政策的调控和监管，美国政府在经济危机后期成功地稳定了经济局势，并为未来的发展奠定了坚实的基础。因此，第二次"新政"时期的货币政策改革对美国经济的复苏和发展起到了重要作用，展现了罗斯福政府积极应对挑战的决心和能力。

在 20 世纪 30 年代，美国总统富兰克林·罗斯福领导下的新政改革对美国经济产生了深远影响。其中，税收政策的调整成为其政策的重点之一。罗斯福政府在银行系统改革之后，将注意力转向税收领域，通过一系列税收法案来推动经济复苏和社会公平。

1935 年，美国通过了《1935 年税法》，这一法案的颁布标志着对大企业和高收入阶层征税力度的增加。该法案采取了累进税率制度，即高收入者纳税比例高于低收入者，并取消了遗产税等措施。这些举措旨在减少贫富差距，增加政府税收收入，支持社会福利项目的发展。

1936 年，为了进一步完善税收体系，《1936 年税法》作为对前一年税法的补充被通过。这一法案规定征税未分配利润，并继续实行累进税率。尽管这些税收法案面临国会的阻力，但在罗斯福的坚持下最终通过，为罗斯福政府的税收改革奠定了基础。

这些税收法案体现了罗斯福政策的新思路，以开源的方式扩大了政府支出。通过增加对富人和大企业的税收，政府能够为社会福利项目提供更多资金，推动经济的发展，促进就业增长。

然而，罗斯福政府在 1937 年采取了保守主义货币政策的转变，提高了准备金率，以控制通货膨胀和稳定经济。这一举措导致了经济困境，使得新政陷入低潮。这一政策转变不仅受到传统保守势力的影响，也反映了政策制定团队内部的分歧。这次经济困境对于新政的进展产生了暂时的抑制作用。

罗斯福的税收政策在一定程度上促进了经济发展和社会公平，但后续的货币政策转变却导致了经济困境，暂时阻碍了新政的进展。

3."新政"时期货币政策的特点

在美国历史上，"新政"时期的货币政策一直是学者们研究的重要课题之一。尽管"新政"时期的货币政策看似庞杂无序、纷繁复杂，但实际上具有内在的统一性。在这一时期，不同的学者对新政货币政策的特点有不同的见解。一些学者如马克·卡恩斯和约翰·加勒迪认为，新政货币政策的特点在于在赤字开支刺激经济增长和平衡预算之

间踌躇不决。而其他学者则着重于"新政"时期货币政策的摇摆性和
阶段性。

首先，对于"新政"时期货币政策的摇摆性，学者们提出了不同
的观点。罗斯福政府在"新政"时期采取了一系列扩张性和紧缩性货
币政策。这种摇摆性反映在政策执行上的不稳定性，以及进步与保守
势力之间的冲突。这种摇摆性也让学者们对新政货币政策的走向产生
了争议。然而，从总体上看，这种摇摆性并非仅仅是政策左右摇摆，
而是具有明显的阶段性。随着新政实施的不同阶段，政策的侧重点和
倾向性也有所不同。

其次，另一个关键点是新政货币政策的阶段性。在这一时期，货
币管制得到了扩展，这一点得到了斯坦的支持。他认为，"新政"时期
货币政策的特点主要在于货币管制的扩展。这种扩展体现在《1933 年
银行法》规定的商业银行与投资银行业务的彻底分离，以及《1935 年
银行法》赋予美联储更大的权力等方面。随着货币管制的拓展，罗斯
福政府的权力逐步扩大，这一点也得到了杜蒙德的认同。然而，杜蒙
德过于夸大了罗斯福权力的扩大，他认为国会将决策权交给了总统。
实际上，罗斯福权力的扩大是一个逐步递进的过程，国会中的保守势
力始终在困扰着他。

第三，"新政"时期实行通货膨胀是货币政策的主要特点之一。罗
斯福政府通过一系列扩张性货币政策，以通货膨胀的方式刺激紧缩中
的国民经济，取得了良好的效果。通货膨胀作为新政货币政策的一个
方面，对于美国经济的恢复有着很大的积极意义。

最后，除了通货膨胀外，新政货币政策还包含了许多其他方面的
内容。其中包括革旧立新的部分，这不仅有利于摆脱危机的困扰，而

且有助于新的经济秩序的建立。这些方面共同构成了"新政"时期货币政策的特点,对于美国经济的复苏和重建起到了重要作用。

"新政"时期的货币政策虽然看似复杂多样,但实际上具有内在的统一性。从摇摆性和阶段性到货币管制的扩展和通货膨胀政策的实施,这些方面共同塑造了"新政"时期货币政策的特点。

在对国内外学者研究成果进行综合分析并对新政货币政策内容进行整体考察的基础上,笔者认为新政货币政策具有如下特点:

第一,在20世纪30年代的美国,"新政"时期的货币政策呈现出了明显的阶段性变化。这段时间是美国历史上经济大萧条的最艰难时期之一,而罗斯福总统领导下的政府试图通过一系列政策来应对经济危机。

我们来看第一阶段,这一阶段大约是在罗斯福总统刚刚上任的时候。此时,政府的主要焦点是亟须挽救濒临崩溃的银行业。当时的局势非常紧急,国民经济陷入了深重的危机之中。国库中的货币储备极度匮乏,而储备成员银行的债务规模却十分庞大。罗斯福政府面临的挑战之一就是没有足够的时间去进行全面的金融、财政和货币体系的调整。因此,政府采取了一系列直接性的措施,以应对当下的紧急问题。这些措施包括《紧急银行法》《节约法》《托马斯修正案》以及《格拉斯—斯蒂格尔法》等,它们的目标都是尽快解决当前面临的严峻挑战,比如挽救银行业、平衡收支、增加货币供给等。这一阶段的政策以其迅速见效和解决具体问题的特点而闻名,被视为对付经济危机的急救措施。

然而,随着时间的推移,罗斯福政府意识到单纯地应对危机并不能解决根本问题。这便引入了第二阶段,即政府开始转向革新性的货币政策。与第一阶段不同，第二阶段的政策更加注重整体的改革而非针对特定问题的解决。政府开始关注建立新的货币体系和管理结构，以确保未来经济能够健康发展。这一阶段的政策包括《1935年银行法》和《1935年税法》等，它们的实施标志着美国联邦储备系统的彻底改革，以及税收制度的重大调整。这些改革旨在打造一个更加稳健和可持续的货币制度框架，为经济的长期发展奠定基础。与第一阶段相比，第二阶段的政策更加注重从宏观上重新梳理和改革整个货币体系的构成，而非仅仅解决当前的紧急问题。

"新政"时期的货币政策经历了从应对危机到进行根本性改革的转变。虽然有学者批评政府措施的混乱和南辕北辙，但事实上，罗斯福政府在不同阶段制定的货币政策都具有内在的逻辑和一致性。这种阶段性的变化反映了政府对经济挑战的不同阶段采取不同策略的理性反应，从追求立竿见影到追求根本改革，体现了政府在应对危机过程中的适应性和灵活性。

第二，在罗斯福执政时期，他采取了逐步扩大权力的渐进方式，推进新政货币政策，以避免冒进。尽管在国会内部，保守势力占据着相当大的阵地，对于他的革新立法持有相当程度的异议，但罗斯福仍然坚定地朝着改革的方向前行。

克拉克议员在国会中质疑罗斯福将过多的注意力放在货币政策上，而忽视了农业的重要性。此外，卢斯议员则认为罗斯福所采取的抵押贷款的做法是根本行不通的，甚至可能导致公司借贷现金比例超过50%。这些保守势力在国会内部构成了罗斯福推行新政货币政策的重重障碍。

在这种保守势力环绕的艰难局势下，罗斯福决定采取一种渐进的方式来推行其货币政策。他意识到，一步到位的激进政策可能会遭遇到更大的阻力，并可能适得其反。因此，他选择了渐进式的策略，一步一步地扩大自己的权力，同时保持政治稳定。

《紧急银行法》是罗斯福上任后提交给国会的第一项货币政策立法。该法案谨慎地扩展了罗斯福的行政权力，仅仅确认了他在紧急情况下关闭银行的权力。虽然在众议院中该法案顺利通过，但在参议院中仍然受到了很大的阻力。一些参议员担心该法案对小银行申请恢复营业不利，甚至有人认为该法案有偏袒大银行之嫌。尽管面临着重重困难，但罗斯福政府最终成功地通过了该法案。

《托马斯修正案》进一步扩展了罗斯福的权力，赋予了他增加货币供给的权力，包括印发纸币、铸造银币、降低储备金和降低美元法定黄金含量等条款。这些举措极大地增强了罗斯福调控宏观经济的主动性和灵活性。

然而，罗斯福的货币政策并不是一帆风顺的。《1935年银行法》在国会中再次遭遇到了强大阻力。尽管该法案在众议院中获得了通过，但在参议院中却陷入了泥潭。保守派参议员强烈反对对联邦储备的彻底改革，认为美国并不需要一个如此强有力的中央金融系统。一些当时控制着联邦储备的银行家也出面支持这一立场。罗斯福政府进行了多次妥协和修改，法案的基本内容被保留了下来，并于1935年8月23日最终通过。

《1935年银行法》给予了罗斯福指定新任联邦储备理事会成员的权力，使得他可以构建自己理想中的新的联邦金融管理体系的框架。随着罗斯福的权力进一步扩大，货币改革也进一步深入。虽然有学者认为罗斯福在货币政策上拥有自由决定的权力，但实际上他选择了渐进式的政策推行方式，以保持政治稳定和政策的延续性。

罗斯福在推行新政货币政策时采取了一种渐进策略，避免了冒进和激进。尽管面临着重重困难和挑战，但他最终通过一系列立法，扩大了自己的权力，推动了货币改革的深入进行。

（四）"新政"时期货币政策的作用

1. 银行系统的正常运转与新的金融市场秩序的建立

在 20 世纪 30 年代初期，美国银行业陷入了前所未有的危机之中。自 1930 年 10 月爆发第一次银行危机以来，该行业持续面临着极端的困难局面。1931 年 3 月又发生了第二次银行危机，将银行体系推向了更加危急的境地。1933 年 2 月第三次银行危机爆发时，银行业的危急局势达到了顶点。在这个困境中，罗斯福领导下的政府采取了果断行动，推动国会通过了一系列货币政策来改变当前的局面。《紧急银行法》的颁布是其中之一，它标志着"新政"的开端。

"新政"的实施带来了一系列积极影响。首先，"新政"改善了美国的货币存量，这是整个国家金融体系能否正常运转的关键。货币存量在新政货币政策的实行期间稳步增长，对于银行系统能否从整体上恢复正常运转至关重要。随着货币存量的增加，货币流通速度也得到了提升。例如，1934 年流通中的货币总量只有 53.73 亿美元，而到了 1937 年则增加到了 64.47 亿美元。这种增长加速了银行资本的周转速度，促进了资金的回笼，对于银行业的恢复具有重大意义。

其次，银行系统的恢复速度也是显而易见的。所有联邦储备银行的总规范资产呈现出持续增长的趋势，从 1934 年的 84.42 亿美元增至 1938 年的 155.80 亿美元。这种不断增加的银行总资产是银行恢复正常运转的最佳证明。各成员银行的规范资产也都出现了较大增幅，如波士顿银行、纽约银行、费城银行等，其中以芝加哥和波士顿的联邦储备银行规范资产增幅最为显著。尽管各地区银行的增长并不绝对均衡，但整体上都处于增长之中。学者们指出，联邦储备银行的复苏有效带动了地方银行的恢复，使整个银行业基本摆脱了困境。

再次，随着银行业的破冰成功，私人金融机构的经营活动也变得活跃起来。各级银行也在努力拓展自身的业务，不再满足于作为传统的货币中转站存在。例如，州一级的银行票据从 1932 年的仅有 2772 万美元增加到 1934 年的 1.6 亿美元。尽管在 1935 年有所下降，但整个货币金融市场的总体规模持续上升。银行业对整个国民经济的影响力逐渐恢复，资本运作效率开始提高，其中以联邦储备的效率最为显著。例如，1934 年中，联邦储备每 1 美元资本所能产生的运作价值为 42.44 美元，到了 1937 年则高达 49.88 美元。这种高效的资本运作能力远远超出了大萧条时期的水平。

"新政"下的货币政策对于美国银行业的复苏发挥了关键作用。通过改善货币存量、加快货币流通速度、促进银行资本周转等措施，银行业得以迅速摆脱危机，实现了规模和效率上的全面复苏。这一过程不仅有助于银行业的恢复，也为整个国民经济的发展注入了新的活力。因此，尽管"新政"并未完全解决美国经济问题，但其货币政策却在很大程度上改变了当时的局面。

2."新政"货币政策对联邦项目与社会资本积累的巨大支持

20 世纪 30 年代的"新政"时期中，罗斯福政府通过一系列货币政策和立法，重塑了国家的货币制度，促进了经济的复苏和社会的稳定。这一时期的政策措施对整个国家的货币秩序进行了重要调整，为经济的停滞局面带来了新的希望和机遇。在这一过程中，货币政策不仅支持了联邦项目和社会资本的积累，也为各个部门的再投资提供了有力支持，从而推动了整个国家经济的发展和复苏。

"新政"一系列货币政策对整个国家的货币秩序和经济的复苏起到了至关重要的作用。通过新政货币政策，联邦项目与社会资本积累都获得了大量直接或间接的支持，从而极大地促进了经济的复苏。例如，1933年的储蓄和定期存款总额与1932年相比提高了28.57亿美元，显示出对国家货币体系和支付能力的信心的初步恢复。此外，通过加大对企业的支持和改善商业环境，企业倒闭情况得到了缓解，企业的经营状况也不断改善，成为国民经济恢复的重要推动力量。同时，联邦政府在劳动力上的总支出也得到了恢复和增加，为经济的复苏提供了有力支持。

在新政货币政策下，各部门的再投资得到了有效促进。铁路和公共事业等传统工业部门的资本积累显著增加，各个部门的再投资都呈现出较大幅度的增长。特别是公共事业的再投资起到了龙头作用，对整个经济的发展起到了关键作用。减税政策和扩张性货币政策在其中发挥了重要作用，为各部门的再投资提供了良好的环境和条件。

另一方面，联邦储备在1934年至1938年期间大量外放贷款，主要对象为国有银行和州立银行，同时也包括了建筑等其他领域。这些贷款的发放不仅扩大了社会资本的积累，也缓解了农业困境，促进了农业的恢复。农业抵押贷款在"新政"期间也有所增加，有效地缓解了农业的困难局面，稳定了农业的整体局势。

在"新政"中，货币政策对其他联邦公共事业也产生了深远影响。

首先，新政货币政策被描述为对其他联邦公共事业慷慨支持的一种手段。在 1937 年，各个公共事业部门获得了大量投资，包括公共事业管理局、地区农业信托公司、复兴金融公司以及工业信托公司。这些投资不仅仅用于支持这些部门的运作，还用于建设项目。例如，公共事业振兴署在"新政"期间建立了超过 11 万幢公共建筑、近 600 个飞机场和超过 50 万英里的高速公路。这些投资有效地带动了需求，提供了就业机会，对经济复苏起到了至关重要的作用。

特别值得一提的是，"新政"期间对于高速公路和学校的投资，具有重要的战略意义。交通对于国家经济发展至关重要，而教育则是国家的根本所在。因此，在当时，大规模投资于这两个领域被认为是至关重要的举措。单单在 1937 年，联邦政府就在修建高速公路上投入了超过 3.02 亿美元，而在建立学校上的投入更是高达 6.426 亿美元之多。这些投资不仅对经济发展产生了积极影响，更加强了社会的公益性。

此外，新政货币政策的支持还体现在对企业资本积累的促进上。工业信贷协会通过发放大量贷款，支持了企业的资本积累，使得它们能够进一步扩大生产能力，增加运营规模。随着生产的促进和商业循环的改善，民众获得了更多的收入，消费能力也相应地提高。这种积极的循环效应使得经济得以逐渐恢复，民众生活水平也有所改善。

即便是新政货币政策的批评者也不能否认，通过货币政策提供资金所建立的公共项目对经济的有益作用。这些公共项目不仅带动了经济活动，也为社会发展奠定了坚实的基础。

在新政初期，罗斯福意识到过去的保守主义货币理念已经无法挽救经济，因此他采取了一系列措施来促进有效需求的扩大、商业循环的促进以及货币流通速度的提高。为了实现这些宏观经济目标，增加国内的总体货币存量和高能货币的流动是必不可少的。而在当时的特定情况下，联邦项目的投入与社会资本积累成为相对稳定可靠的两条途径。

货币政策的调整通过一系列方式支持了联邦项目与社会资本积累的发展。例如，通过增加对联邦项目的投入力度，扩大预算，重视社会资本积累，以及增加贷款等方式。其中，增发资本债券成为一种重要的渠道之一。从 1933 年到 1936 年，资本债券的发行额度呈逐年增长趋势，为社会资本积累提供了更为广泛的金融渠道。

"新政"时期的货币政策不仅仅是简单地增加货币供应量，更是通过对经济各个方面的支持，促进了国家经济的恢复和发展。货币政策的调整为联邦项目的发展提供了有力支持，同时也为社会资本积累提供了更广阔的发展空间。

二、二战后至 21 世纪初美国货币政策框架

美联储作为美国最重要的货币政策制定机构，通过调节联邦基金利率来引导市场参与者的消费和投资行为，以控制通货膨胀率，实现对经济的调节。这一政策在美国经济发展历程中扮演了关键角色，经历了不同阶段的演变与调整。

（一）低利率政策时期（二战后至 20 世纪 70 年代末）

自第二次世界大战结束后至 20 世纪 70 年代末，美国经历了快速增长期。在这一时期，美联储实行基于凯恩斯主义理论的低利率政策，将利率作为控制目标，以促进经济增长和稳定就业。这一时期，美国的经济发展相对平稳，国内生产总值（GDP）稳步增长，为经济繁荣奠定了基础。

然而，1961—1975 年的越南战争给美国经济带来了挑战。大量的战争支出导致财政赤字扩大，通货膨胀率逐渐攀升，最终达到两位数。1973 年的石油危机更是使得美国经济陷入停滞不前的状态，经济危机对美国造成了严重影响。自 20 世纪 70 年代末期起，美联储调整了货币政策目标，转向了更为稳健的货币政策，即货币稳定。这标志着美国的宏观调整目标由"充分就业"转向"通胀控制"、由"高增长"转向"适度稳定增长"、由"低利率"转向"高利率"，以期实现"无通货膨胀的经济增长"。

（二）高利率政策时期（20 世纪 70 年代末至 80 年代）

20 世纪 70 年代末至 80 年代初，美国经济出现了严重的通货膨胀问题，为了控制通胀，美联储采取了高利率政策。此期间，美国经济先后发生了两次经济衰退，尤其是 1979 年至 1982 年期间的经济危机，是二战后到当时为止最严重的经济危机。然而，正是以这次经济危机为代价，美国在 1983 年后的通货膨胀率出现明显下降，价格逐渐恢复，经济逐步复苏，完成了无通胀条件下的经济持续增长。

高利率政策虽然在抑制通货膨胀方面表现出不错的效果，但也给经济带来了负面影响。赤字数额上升，财政压力增大；进口额明显超过出口额，导致贸易不平衡；货币需求函数的稳定性受到干扰，利率弹性也因金融创新降低。

（三）频繁波动的利率政策时期（20 世纪 90 年代至 2008 年）

从 1990 年至 2008 年，美国经历了频繁波动的利率政策时期。这一时期，美联储不断调整联邦基金利率，以实现对经济的调节作用。

　　这段时间内，美国经历了三个利率周期，分别是从 1994 年至 1998 年、1999 年至 2003 年、2004 年至 2008 年。

　　这一时期，美国经济面临着诸多挑战，包括金融危机、互联网泡沫破裂等。尤其是 2008 年的全球金融危机，对美国乃至全球经济造成了巨大冲击，这也成为这一时期的一个转折点。

　　美联储的利率政策在美国经济发展历程中起着至关重要的作用。从低利率政策到高利率政策、再到频繁波动的利率政策，每个阶段都对美国经济产生了深远影响。虽然不同阶段的政策存在着利弊，但总体来看，美联储通过调节利率政策，促进了美国经济的稳定增长和通胀控制，为经济的发展奠定了坚实基础。

　　美国经济在近二十年间经历了多个利率周期，其中每一个周期都对经济产生了深远的影响。这些周期反映了美联储对经济状况的调控以及全球经济事件对美国经济的影响。通过分析这些利率周期，可以更好地理解美国经济的波动和发展。

　　1. 第一个利率周期（1990—1996 年）

　　1990 年代初，美国经济陷入低迷，表现为产出下降、失业率上升和通货膨胀率下降。1990 年，美国的 GDP 增长率持续下降，甚至出现了负增长。与此同时，失业率也开始上升，到 1992 年达到了该时期的最高水平。与此同时，通货膨胀率也呈现下降趋势，显示出经济陷入了低迷状态。

　　为了刺激经济复苏，美联储开始调低联邦基金利率，将其从 1990 年年初的 8.23% 降低到了 1992 年年底的约 3% 的较低水平。这一举措有效地促进了美国经济的复苏，促使经济产出得到提高，就业状况也得到改善。在此期间，美国的 GDP 增长率提高到了 6.23%，失业率也下降到了 6% 以下的水平。

然而，随着经济开始走向繁荣，为防止经济过热，美联储于1994年开始调高联邦基金利率。这一政策措施有效地缓解了通货膨胀率上升的趋势，为经济的稳定发展打下了基础。

2. 第二个利率周期（1997—2003年）

1997年，亚洲金融危机爆发，给亚洲国家经济带来了巨大的冲击，也波及了美国经济。为了应对亚洲金融危机的影响，美联储开始采取降低联邦基金利率的措施，以刺激经济复苏。这一政策导致了美国经济的快速复苏，市场参与者的投资和消费热情大大提高。

在此期间，美国经济进入了一段繁荣期，失业率下降，GDP增长率保持在较高水平。同时，信息技术产业的快速发展也成为经济增长的重要推动力量。然而，随着经济过热，美联储于1999年开始调高联邦基金利率，标志着美国进入了第二个利率周期。

进入21世纪后，美国经济面临着新的挑战。2001年，"9·11"恐怖袭击事件给美国经济带来了重创，导致股市暴跌和经济衰退。为了刺激经济，美联储采取了多次降息政策，将联邦基金利率调整到历史低位。然而，这一政策措施也为后来的经济危机埋下了伏笔。

3. 第三个利率周期（2003—2007年）

2003年，美国经济开始复苏，GDP增长率逐渐上升。为了遏制通货膨胀的风险，美联储开始逐步上调联邦基金利率。然而，这一举措也导致了房地产市场的泡沫，使得美国经济面临新的挑战。

尽管联邦基金利率上升对抑制经济过热起到了一定作用，但同时也滋生了次级贷款市场的不良资产，最终引发了次贷危机，导致全球范围内的金融危机爆发。

美国经历的利率周期反映了美联储货币政策的调控以及全球经济事

件对美国经济的影响。这些周期在一定程度上影响了美国经济的发展轨迹，同时也暴露了经济中存在的结构性问题。

三、大衰退时期美国货币政策框架

（一）量化宽松货币政策

1. 第一轮量化宽松货币政策

（1）第一轮量化宽松货币政策实施背景

次贷危机爆发后，美联储及其他相关机构采取了一系列措施试图应对危机，但金融市场的冲击依然十分严重，最终导致了全球性的金融危机。在 2008 年底之前，美联储采取了 9 次降息，将联邦基金利率降至 0%—0.25%。面对利率已经极低的情况，美联储实施了非传统货币政策，包括量化宽松和前瞻性指引，旨在保持经济稳定、物价稳定和充分就业。量化宽松政策通过改变资产负债表结构和规模，增加长期资产购买量，延长资产久期，降低长期利率，促进经济复苏。次贷危机源于 2006 年次贷市场危机爆发，导致金融体系严重冲击。美国次级抵押贷款繁荣发展使房屋价格上升，但随后房地产市场陷入困境，次级抵押贷款违约率增加，引发金融机构危机。次贷危机使金融市场流动性不足，导致银行业、债券市场损失惨重，美国股市大幅缩水。美国采取措施救助抵押贷款巨头，但市场低迷状态难以改善。2008 年雷曼兄弟破产加剧了全球金融市场的动荡，引发全面金融危机。

2008 年雷曼兄弟破产成为次贷危机的转折点，这一事件加剧了全球金融市场的动荡，引发了一系列连锁反应，最终导致了全面的金融危机。雷曼兄弟是美国第四大投资银行，在破产前曾经涉足大量次级抵押贷款市场，其破产引发了市场的恐慌情绪，导致了更广泛的金融市场动荡。全球各个经济体都受到了这场危机的波及，股市暴跌，经济增长放缓，许多国家甚至陷入了衰退。整个金融体系遭受了严重的打击，各国政府不得不采取紧急措施来稳定市场并防止危机进一步扩大。

这场危机的影响深远，几乎影响了全球每一个经济体，成为 21 世纪以来最严重的金融危机之一，也成为历史上的一次重要教训，引发了对金融监管和风险管理的深刻反思和改革。

（2）第一轮量化宽松货币政策实施措施

在金融危机爆发后，美联储迅速调整了其货币政策目标，从旨在提高市场流动性转变为实现经济复苏、提高就业率和遏制产出下降。传统的货币政策工具在这一新目标下已经显得力不从心，因为它们的传导机制受到阻碍，而且联邦基金利率已经降至历史低点，接近零的水平。为了解决这一挑战，美国采取了第一轮量化宽松货币政策。

这一政策的核心是购买各种类型的资产，主要包括住房抵押贷款债券、长期国债以及房地美和房利美债券，总计 17500 亿美元。这些购买旨在改善市场流动性不足的状况，为经济注入更多资金，并刺激经济复苏。在购买的资产中，住房抵押贷款债券占据主导地位，总额达到 12500 亿美元，其次是长期国债和房地美和房利美债券。

除了资产购买，美联储还采取了一系列创新的货币政策工具，以应对金融市场的挑战。这些工具主要分为票据市场工具、融资工具和特定机构支持项目。票据市场工具包括商业票据融资工具、再贴现率融资工具和货币市场投资者融资工具，旨在提高市场流动性，支持大型企业和商业银行的流动性，以及改善票据市场的流动性不足。融资工具包括短期证券借贷工具、期限拍卖工具和一级交易商信贷工具，用于解决证券持有者的融资约束问题、融资市场的资金不足问题以及投资银行的流动性不足问题。特定机构支持项目则旨在避免重要金融机构的破产，通过购买抵押支持债券和担保债权的形式来缩小金融危机的波及范围。

这些措施的实施对金融市场产生了显著影响，特别是对市场流动性的改善。由于美联储的干预，金融市场的流动性不足状况得到了缓解，为经济复苏和金融稳定奠定了基础。然而，这一政策也引发了一些争议，包括通货膨胀的担忧、资产价格泡沫的形成以及对未来经济走势的不确定性。

第一轮量化宽松货币政策是美国应对金融危机的重要举措之一，通过购买资产和创新货币政策工具，美联储试图稳定金融市场、刺激经济增长，并避免更严重的经济衰退。虽然这一政策取得了一定效果，但其长期影响和潜在风险仍需持续关注和评估。

2. 第二轮量化宽松货币政策

美国在金融危机之后一直在寻求恢复经济稳定和增长的路径上前行，然而，虽然第一轮量化宽松政策在一定程度上提高了市场流动性，但经济仍然笼罩在金融危机的阴影之下。企业投资的积极性依然不足，就业率也有待提高。为了持续推动美国经济的复苏，美联储采取了一系列措施，其中包括2010年8月开始实施的第二轮量化宽松货币政策，这一政策的结束时间定为2011年6月。

第二轮量化宽松货币政策的实施措施主要包括进一步购买金融资

产，其中以长期国债为主，并旨在使通货膨胀率达到合理水平。美联储通过两个途径扩大长期国债的购买总额，一方面是继续扩大长期国债的购买金额，另一方面是将之前购买的其他金融资产转投到长期国债。具体来看，美联储在 2010 年 11 月宣布将每月购买 750 亿美元的长期国债，总购买额将达到 6000 亿美元，以改善通货膨胀率较低的状况。同时，美联储还将实施第一轮量化宽松货币政策时购买的到期的抵押贷款支持证券转投到长期国债，使得长期国债的总购买额进一步扩大。在这两种途径的共同作用下，在第二轮量化宽松货币政策期间，美联储购买长期国债的总额达到 8500 亿美元。

第二轮量化宽松货币政策的实施产生了多方面的影响。首先，通过购买数额巨大的长期国债，美联储成功地使得长期实际利率下降，这进一步刺激了市场参与者的消费和投资热度。这对于激发企业投资和促进就业率的提高具有积极意义。其次，美国通货膨胀率过低的问题得以改善，使得通货膨胀率提高到一个较为合理的区间，这有助于维持经济的稳定增长。

然而，尽管第二轮量化宽松政策在一定程度上取得了成功，但也存在一些潜在的风险和挑战。例如，长期大量购买国债可能导致国债市场泡沫的形成，从而引发金融系统的不稳定性。此外，过高的通货膨胀率也可能带来通货膨胀压力过大的问题，给经济带来不利影响。因此，美联储需要密切监控经济的发展动向，灵活调整货币政策，以应对不同的挑战和风险。

第二轮量化宽松货币政策在一定程度上推动了美国经济的复苏，通过购买大量长期国债成功降低了长期实际利率，促进了市场的消费和投资活动，同时也改善了通货膨胀率过低的问题。然而，美联储仍然需要密切关注经济的发展态势，灵活调整政策以维护经济的稳定增长。

3. 第三轮量化宽松货币政策

第二轮量化宽松货币政策对美国经济的影响是复杂而有限的。它在一定程度上促进了经济的复苏，开始呈现出一定的增长态势，但同时也未能实现大幅提高就业率的目标，导致失业率仍然维持在较高水平。这种情况下，美国联邦储备系统（Federal Reserve System）在2012年9月至12月期间正式推出了第三轮量化宽松货币政策，旨在通过更具针对性的措施，特别是对就业率的直接关注，来促进劳动力市场的复苏。

第三轮量化宽松货币政策的具体措施包括两个主要方面：一是延长扭曲操作（Operation Twist）的时间。这项政策通过买卖国债来降低长期收益率，进而影响贷款利率和金融资产价格，从而刺激经济增长。美联储在2011年9月开始实施扭曲操作，并在2012年6月延长至12月，期间不断增加购买长期国债的规模，以期进一步降低长期利率，刺激投资和消费。二是进一步扩大抵押贷款支持证券的购买。这一举措旨在提供更多流动性支持，促进房地产市场和相关产业的复苏，从而推动整体经济增长和就业率的提升。

与前两轮量化宽松政策相比，第三轮政策有一个显著的不同之处，即放弃了预先规定的购买总额，转而采取每月确定购买额的方式。这种灵活性使得美联储能够更加快速地根据经济状况调整政策，特别是针对就业率水平的变化做出相应调整。这种针对性和灵活性的政策设计，使得第三轮量化宽松政策更具可操作性和适应性，有望更有效地刺激劳动力市场的复苏和就业率的提升。

然而，第三轮量化宽松货币政策也面临着一些挑战和不确定性。首先，政策的实施需要时间来产生效果，而经济变化的滞后性可能会导致政策效果不及预期。其次，政策的灵活性虽然有利于快速应对变化，但也增加了政策执行的复杂性和不确定性，需要谨慎平衡各种因素。此外，国际经济环境的不确定性和外部冲击也可能对政策效果产生影响，需要密切关注和及时应对。

综合来看，第三轮量化宽松货币政策在一定程度上是对前两轮政策的延续和改进，更加注重就业率的提升和劳动力市场的复苏。其灵活性和针对性设计为政策的有效实施提供了更多可能性，但同时也需要面对各种挑战和不确定性。

4.第四轮量化宽松货币政策

第四轮量化宽松货币政策实施于 2012 年 12 月，是美联储为了替代之前的扭曲操作而采取的举措。它的实施背景可以追溯到 2011 年 9 月开始的扭曲操作，该操作在 2012 年 6 月延长，并于 2012 年 12 月正式结束。然而，尽管扭曲操作结束，美国经济仍未完全摆脱金融危机的阴影，因此美联储决定在 2012 年 12 月宣布实施第四轮量化宽松货币政策。

第四轮量化宽松货币政策的主要实施措施是继续购买金融资产，其中主要是美国长期国债。和第三轮量化宽松货币政策相似，第四轮政策并未宣布具体的长期国债购买金额，只表示每月将购买 450 亿美元的美国长期国债。与此同时，扭曲操作政策也结束了，美联储停止了为获取购买长期国债所需资金而卖出短期国债的行为。

第四轮量化宽松货币政策对美国经济产生了一定的影响。首先，通过购买美国长期国债，该政策在一定程度上改善了低迷的劳动力市场状况，同时也推动了通货膨胀率的上升，为美国经济的复苏做出了贡献。

从第二轮到第四轮量化宽松货币政策的实施效果来看，可以看出这些政策改变了美联储资产负债表的结构和规模。具体来说，在2010年3月，美联储持有的长期国债只占总资产的34%。但随着几轮量化宽松货币政策的实施，截至2013年6月，美联储持有的长期国债占总资产的比例已增至55%，增长率高达61.8%。此外，美联储资产负债表的规模也大幅增长。数据显示，2010年3月，美联储资产负债表规模为2.3万亿美元，而在几轮量化宽松货币政策实施后的2013年6月，该规模已增至3.5万亿美元，增长了52.2%。

另外，第二轮到第四轮量化宽松货币政策的实施有效地降低了美国的长期实际利率。这些政策直接购买了美国的长期国债，并通过扭曲操作增加了长期国债的购买总量，从而有效降低了美国的长期实际利率。然而，需要注意的是，长期实际利率的下降也对金融机构的盈利水平造成了损害，这一点不能被忽视。

最后，第二轮到第四轮量化宽松货币政策的实施也缓解了美国劳动力市场的衰退。从2009年年底开始，美国失业率开始下降，并在第四轮量化宽松货币政策结束时的2013年12月，达到较低水平的6.7%，接近美联储设定的6.5%的政策目标。

美联储几轮量化宽松货币政策在改善劳动力市场、推动通货膨胀率上升以及促进经济复苏方面发挥了重要作用。这些政策对美联储资产负债表的结构和规模、长期实际利率以及劳动力市场产生了深远的影响。尽管存在一些负面影响，但总体而言，这些政策对美国经济产生了积极的影响。

5.量化宽松政策的主要特点

首先，它旨在克服流动性陷阱，通过将联邦基金利率下降至极低水平来增加市场流动性。这一举措使得传统货币政策工具失效，需要寻求新的货币政策思路。其次，量化宽松政策的实施过程中，美联储采用了多种创新性货币政策工具，例如，购买机构债券和住房抵押贷款支持证券，以提高市场流动性并刺激经济复苏。此外，与传统货币政策不同的是，量化宽松政策的目标任务也发生了改变。它不仅仅是为了调节市场利率，更是为了解决市场缺乏流动性的问题，扩大财政支出，拯救破产边缘的金融机构，提高信贷可得性，从而刺激消费和投资增长。

与此同时，量化宽松政策也与财政政策相互配合，以刺激经济复苏。通常情况下，货币政策和财政政策的配合体现在两个方面：一是不允许央行向财政透支；二是需要扩张性财政政策和货币政策相互配合。然而，量化宽松政策的特殊之处在于，它通过购买长期国债来支持低迷的市场环境，为财政支出提供了资金保障，从而间接促进经济的复苏，这一举措打破了传统的不透支规则，实现了向财政的变相透支。

量化宽松政策是在传统货币政策失效时采取的一种不同于常规的货币政策工具，其目的是提高市场流动性，促进市场利率下降，从而拉动消费和投资。尽管量化宽松政策和传统货币政策在实施方式上有所不同，但它们的本质目标都是通过影响市场利率来刺激经济。然而，两者之间存在着明显的差异，包括传递机制和适用的宏观经济环境等方面。传统货币政策在经济正常运行时效果较为明显，而在面对经济金融危机时失效，而量化宽松政策则能够有效地应对危机，刺激经济复苏。

（二）前瞻性指引

在现代经济运行中，央行的政策手段至关重要，尤其是在面对复杂的经济环境和挑战时。其中，前瞻性指引作为一种非常规手段，逐渐成为央行影响市场预期和调节利率水平的重要工具之一。前瞻性指引的核心在于通过向市场传递信息，影响其对未来利率走势的预期，从而引导市场行为并对经济活动产生影响。而随着金融市场的不断演变和经济环境的变化，前瞻性指引的形式和效果也在不断演进。

首先，我们来看前瞻性指引的起源和发展。在 2008 年金融危机之后，美联储首次采用了第一代前瞻性指引，通过强调维持超低水平的联邦基金利率来应对当时的经济疲软。这一政策措施为后来的前瞻性指引奠定了基础，并在经济衰退时展现了其对经济的支持作用。随着时间的推移，美联储逐渐加强了前瞻性指引的语气和明确度，于 2011 年推出了第二代前瞻性指引，具体表现为更为明确的措辞和延长了零利率政策的时间。这一举措积极引导了私人部门的预期，并在一定程度上缓解了经济下行压力。

进入第三代前瞻性指引阶段，央行开始更加注重明确未来货币政策制定的参照系，以提高前瞻性指引的有效性。美联储在 2012 年年初首次介绍了符合长期目标和货币政策的失业率和通货膨胀率，使市场更明白了央行的政策目标。此外，从 2014 年 3 月起，美联储综合了第三代与第一代前瞻性指引，对政策利率的调整除了考虑通货膨胀和劳动力市场情况外，还需要分析金融市场状况。这一变化使得前瞻性指引更加全面、更加符合实际经济情况，并提高了市场对央行政策调控的透明度和理解度。

其次，我们来探讨前瞻性指引的作用和意义。前瞻性指引不仅可以影响市场预期和行为，还可以帮助央行创造一个宽松的信贷环境，支持经济复苏和增长。通过向市场传递信息，央行可以引导私人部门更加理性地调整其投资和消费决策，从而对整体经济活动产生积极影响。此外，前瞻性指引还可以降低市场的不确定性和波动性，提高市场的稳定性和可预测性，为经济的长期健康发展提供了有力支持。

然而，前瞻性指引也存在一定的局限性和挑战。首先，央行需要准确把握经济走势和政策效果，以避免因信息不对称而导致市场预期的失调和市场波动的加剧。其次，前瞻性指引的有效性和影响力取决于市场对央行政策的信任度和理解度，如果市场对央行的政策目标和手段存在疑虑或误解，那么前瞻性指引的效果可能会打折扣。因此，央行需要通过透明的沟通和及时的政策调整来维护市场对其的信心和支持，以确保前瞻性指引的有效实施。

前瞻性指引作为央行调控经济的重要手段，在当前经济环境下发挥着越来越重要的作用。通过影响市场预期和行为，央行可以更好地引导经济走向，支持经济复苏和增长。然而，央行需要在实践中不断总结经验教训，不断改进前瞻性指引的形式和内容，以应对日益复杂和多变的经济挑战，为经济的长期稳健发展提供更加有力的支持。

四、新冠疫情时期美国货币政策框架及新时期美联储货币政策展望

（一）这一时期美国货币政策框架概述

在 2019 年下半年至 2020 年 3 月初期间，美联储采取了多次降息措施，将法定和超额存款准备金利率下调至 1.55%。这一时期，全球正值新冠疫情暴发前夜，经济活动受到严重冲击，失业率迅速攀升，而消费价格指数也首次出现负增长。

新冠疫情的暴发对美国经济造成了严重冲击。2020 年 3 月，美国股市四次触发熔断机制，能源价格和债券市场波动不断，金融市场的动荡程度甚至超过了 2008 年全球金融危机。为了稳定市场情绪，美国政府不得不采取了一系列连续降息和无限量化宽松措施。

面对经济衰退和金融市场的不确定性，美联储采取了零利率政策和无限量化宽松政策。其资产负债表迅速扩张，总规模达到了 7.36 万亿美元，而负债方面也高达 4.27 万亿美元。同时，美国政府也实施了多轮财政刺激措施，其中 2020 年的财政赤字达到了 3.1 万亿美元，占当年国内生产总值的比例高达 15.2%，为 1945 年以来最高水平。

随着新冠疫情的逐渐缓解，美联储开始逐步调整其货币政策。他们采取了前瞻性指引，维持了零利率政策，并逐步缩减了资产购买规模。然而，随着通胀压力的增加和政策调整的必要性，美联储在 2022 年 3 月宣布停止购买国债和机构抵押贷款支持证券，开始实施加息和资产负债表缩减政策。这一过程揭示了经济过度依赖刺激政策可

能带来的一系列问题，包括企业杠杆率的上升、资本市场泡沫的形成以及经济复苏后劲不足等后遗症。

（二）这一时期美国货币政策的特征

新冠疫情的暴发给全球经济带来了前所未有的挑战，各国央行纷纷采取行动以缓解经济压力和市场动荡。我们来深入分析一下美联储在新冠疫情危机中的货币政策操作及其特征。

首先，美联储在这次危机中展现了前所未有的政策执行速度和力度。与2007年至2008年全球金融危机时相比，美联储缩短了从政策制定到执行的时间链条，并且政策力度较大。新冠疫情暴发后，美联储迅速实施了零利率政策，而且这一操作仅用了不到两周的时间完成。同时，美联储的资产负债表规模在短短3个月内增长了惊人的80%。这一轮无限量化宽松的规模甚至超过了2008年美国次贷危机发生后实施的三次量化宽松政策规模之和。可以说，新冠疫情暴发后，美联储所实施的一系列政策在力度和速度上都达到了空前水平。

其次，为了稳定市场波动，美联储采取了积极创新的政策工具。美联储通过创设特殊目的公司（SPV）进入二级交易市场，以支持市场流动性，并且再次启用了2008年金融危机时期创设的CPFF工具。此外，美联储还推出了其他贷款支持计划，旨在为特定群体提供资金支持。这种结构性特征的政策操作显示出美联储对市场变化的敏锐应对能力，以及对经济系统稳定的关注。

第三，为了降低金融机构的监管压力并鼓励信贷支持，美联储采取了一系列措施。与2008年金融危机时期类似，美联储降低了商业银行的准备金存款要求，将存款准备金率和超额准备金率调整至0.1%，降幅超过 50%，同时将法定存款准备金率降至 0。这一举措旨在释放更多的资金供应，刺激信贷投放。同时，美联储鼓励商业银行利用其资本和流动性缓冲向企业和家庭提供更多贷款支持，以支持经济复苏和稳定就业。

综合以上分析，我们可以看到新冠疫情暴发后，美联储采取了前所未有的政策行动和创新，以缓解金融市场的压力，支持经济复苏。其货币政策操作的特征包括实施力度空前、创新性的政策工具和结构性特征，以及降低监管压力鼓励信贷支持等方面。这些措施不仅在短期内稳定了金融市场，也为经济的长期恢复奠定了基础。然而，需要密切关注这些政策的长期影响，特别是对通胀、资产价格和经济结构的影响，以确保经济的可持续性和稳健性。

（三）美国货币政策对世界的影响

1. 释放大量美元流动性

在新冠疫情肆虐的背景下，全球经济遭受了空前的冲击，其中包括美国在内的各国经济都遭受了严重打击。美国作为全球最大经济体之一，迅速采取了宽松政策以缓解经济衰退的压力，其中包括实施规模空前的量化宽松措施。然而，这一宽松政策也引发了全球通货膨胀的风险。

美国的宽松政策导致了全球流动性的增加，进而推动了大宗商品价格的上涨。这种涨价不仅影响了美国国内市场，也对全球市场造成了冲击，进而引发了输入性通货膨胀的风险。特别是一些发展中国家，更容易受到这种通胀的影响，因为它们的经济结构更加脆弱，更加依赖进口商品。

美国的货币政策调整也对全球经济要素产生了深远影响。首先，美国持续增加的货币供应量导致了全球范围内的流动性增加，这对各国货币价值、利率等产生了影响。其次，美国宽松政策下外国直接投资流量出现下降趋势。然而，值得注意的是，中国的外国直接投资却逆势增长，这一现象的背后涉及政策层面、经济基础，以及投资环境等多方面因素。中国在吸引外国直接投资方面采取了一系列积极的政策措施，同时其强大的经济基础和投资便利条件也吸引了更多的国际资本流入。

此外，美国的货币政策调整也对全球产生了通胀溢出效应。美国宽松政策所带来的通货膨胀压力不仅限于其国内市场，而是波及全球范围内，加剧了全球通货膨胀的风险。因此，需要对这种通胀溢出效应进行进一步的关注和分析，以便及时采取相应的调控措施来稳定全球经济。

2. 国际大宗商品价格指数高位波动

国际大宗商品市场是全球经济的重要组成部分，其价格波动对全球经济产生深远影响。首先，大宗商品价格具有较长周期，这一现象是由供求关系和宏观经济波动共同决定的。历史数据显示，大宗商品价格呈现周期性波动，这一特征使得市场参与者需要密切关注市场走势，以做出及时的决策。

大宗商品价格波动对经济有着重要影响，并给决策者带来挑战。这是因为大宗商品的价格波动不仅影响到生产者和消费者的利益，还会对国家的经济政策产生直接影响。特别是对于大宗商品进口国来说，价格波动尤为明显，因为价格上涨会增加进口成本，影响国内的经济运行和政策制定。

新冠疫情防控期间，全球大宗商品市场出现了剧烈波动。这一波动不仅受到供求关系和宏观经济因素的影响，还受到疫情对全球贸易和经济活动的影响。疫情导致全球供应链中断、需求减少，加剧了大宗商品市场的不确定性和波动性。

大宗商品价格波动的核心是供求关系。由于大宗商品的供给受到少数国家的垄断，市场容易受到突发事件和地缘政治问题的影响。尤其是石油作为最重要的大宗商品之一，其价格波动与国际争端密切相关。WTI原油和布伦特原油作为重要的油价标杆，新冠疫情防控期间价格呈现相似的走势，反映了全球石油市场的普遍波动。

此外，大宗商品价格波动还与工业生产需求和经济增长密切相关。随着经济活动的增长，对能源和原材料的需求也会增加，从而推动大宗商品价格上涨；而经济衰退或增长放缓则会导致需求减少，价格下跌。因此，决策者需要密切关注大宗商品市场的动态，以及其与宏观经济的相互作用，制定有效的政策应对市场波动带来的挑战。

3. 美国资产价格上涨

纳斯达克（NASDAQ）综合指数，作为美国证券交易商协会于1968年创立的一种自动报价系统，扮演着引领世界经济舞台的角色。其上市公司覆盖了各个新技术行业，使其成为全球最大的证券交易市场之一。新冠疫情暴发后，美国股市蓬勃发展，而纳斯达克综合指数则成为市场行情的晴雨表，展现出强劲的上涨趋势。

2020年12月23日，纳斯达克综合指数已达到15653.37，较年初上涨了约232.70%，并且是1996年年初的15倍，达到了近20多年来的顶峰。这一上涨势头与新兴行业（如科技和医疗健康等领域）相对较少受到新冠疫情影响有关。同时，市场对美股暴涨的原因主要集中于经济复苏与美联储的量化宽松货币政策。然而，如果市场预期的经济好转无法实现，美股仍将面临剧烈震荡的风险。此外，在疫情的影响下，供应链不畅，而实施的量化宽松政策可能导致资金并未流入实体经济，而是流入了股市，进一步加剧了市场的波动性。

有学者认为，美国的宽松货币政策造就了资本市场的"长牛"行情，但这与当前的经济状况严重背离，使美联储的货币政策陷入了尴尬境地。这一政策一方面推高了美股估值，推动了资产泡沫的形成；另一方面也提高了通胀风险的可能性。在双循环格局下，中国应警惕国内股市和房地产泡沫的生成，避免出现输入性风险。

与纳斯达克综合指数类似，纽约证交所综合指数也承载着重要的市场信息。该指数主要反映了纽约证券交易所上市公司的综合情况，覆盖银行、能源、商品和服装等行业，是最大、最广泛的工业股票价格指数之一。新冠疫情暴发后，纽约证交所综合指数也呈现出强劲的上涨势头。

截至 2020 年 12 月 23 日，纽约证交所综合指数达 16963.40，较 1996 年 1 月 2 日的 3507.41 上涨近 5 倍，与 2021 年 1 月 2 日的 14002.49 相比，上涨了 210.03%。这一上涨趋势与美联储实施的量化宽松货币政策密切相关，显示出货币政策对股市的直接影响。

4. 美国等主要经济体通货膨胀居高不下

在布雷顿森林国际货币体系退出后，全球贸易和金融领域迅速进入了一个新的时代，这一时期最显著特征之一是贸易和金融自由化的明显增加。这一趋势不仅在发达国家中得到了体现，也在发展中国家中产生了深远影响。然而，这种全球化趋势也为各国带来了新的挑战。

自布雷顿森林体系解体以来，国际贸易和金融市场已经发生了翻天覆地的变化。全球化趋势推动了跨国公司的崛起，促进了跨国投资和资金流动。发展中国家逐渐融入全球价值链，成为全球贸易的重要参与者。然而，这种全球化也导致了经济体之间的相互依赖性增加，使得一国的经济波动可能会对其他国家产生连锁反应。

新冠疫情暴发后，国际国内经济环境变得更加复杂。全球供应链遭遇重大挑战，导致许多国家面临着严重的供应短缺和物价上涨。作为世界上最大的经济体之一，美国也不例外。美国作为全球制造业和供应链的重要节点，受到了供应链危机的严重影响。供应链瓶颈导致了生产延迟和成本上涨，进一步加剧了通货膨胀压力。

面对通货膨胀的增加，美国采取了一系列措施来缓解经济压力。首先，美国政府实施了宽松的财政政策，通过增加支出和减税来刺激经济增长。其次，美联储采取了量化宽松货币政策，通过购买国债和其他资产来增加货币供应量，降低利率，促进信贷扩张。然而，这些政策也带来了一定风险，包括通货膨胀加剧和资产价格泡沫等。

尽管美元的主导地位受到了一定程度的质疑，但其仍然表现出了较强的韧性。作为全球储备货币，美元在国际贸易和金融中仍然占据着重要地位。美国利用其对美元的控制权，试图通过资金流入新兴经济体来缓解通货膨胀压力。然而，这种做法也可能会加剧全球贫富分化，导致发展中国家面临更大的经济挑战。

布雷顿森林国际货币体系退出后，国际贸易和金融领域发生了巨大变化。全球化趋势推动了经济全球化进程，促进了跨国投资和资金流动。然而，全球化也带来了新的挑战，如供应链危机和通货膨胀压力的增加。面对这些挑战，各国需要采取积极的政策来应对，并加强国际合作，共同推动全球经济的健康发展。

5.美国劳动力短缺与产能不足

美国当前面临的通胀压力主要源自新冠疫情后经济难以复苏的两大原因：劳动力短缺和供应链瓶颈。首先，就劳动力短缺而言，疫情导致劳动参与率下降、失业率上升，这一趋势进一步加剧了劳动力市场的供需失衡。工资水平出现直线上升，主要是由于疫情影响下的辞工、提前退休等现象，以及失业救济补贴的影响。这些因素使得企业面临着更高的人力成本压力，从而推高了产品和服务的价格。

其次，供应链瓶颈也是通胀压力的重要原因之一。全球范围内，焦炭、成品油、核燃料等关键产品的产出出现了大幅波动，供给减少导致了商品价格的上涨。全球供应链受阻和劳动力供给不足是这一现象的主要因素之一。由于全球范围内的新冠疫情影响和运输、物流方面的限制，许多企业面临着原材料短缺和生产延误的问题，这直接导致了商品的稀缺性和价格的上涨。

在当前的环境下，美国可能面临着输入性通货膨胀传导的风险。这主要是因为大宗商品价格上涨、对外贸易依存度高，以及经济发展模式与结构不完善等因素的共同作用。首先，大宗商品价格的上涨直接影响到了美国的进口成本，从而推高了国内商品价格。其次，美国作为一个高度开放的经济体，其对外贸易的依存度较高，全球经济的变化和波动都可能对其经济造成影响。最后，美国经济的结构性问题，如产业结构调整不彻底、科技创新能力相对滞后等，也可能加剧通货膨胀的风险。

（四）新时期美联储货币政策展望

2024年9月18日，美国联邦储备委员会公布，将联邦基金利率目标区间下调 50 个基点，降至 4.75% 至 5.00% 之间的水平。这是 4 年来美联储首次降息，标志着自 2020 年 3 月以来美国货币政策的首个宽松周期正式启动。此举旨在预防美国经济和劳动力市场出现疲软迹象，并推动通胀进一步下降。美联储主席鲍威尔表示，目前美国的经济状况良好，作出降息决定旨在保持这一态势，并使政策能够灵活地应对经济的变化。美联储官员预计利率将在 2024 年剩余时间内进一步下调，并在此后的几年内逐步降至更低水平。

第二章　欧盟货币政策框架

欧洲货币一体化始于 1991 年《欧洲联盟条约》，2002 年引入欧元，经历了从分散到集中的货币政策协调，推动了经济增长。尽管面临成员国经济差异和协调问题，欧盟仍致力于货币一体化。欧债危机期间，欧盟采取紧急贷款、财政紧缩和结构性改革等措施应对。新冠疫情暴发以来，欧洲央行在疫情和地缘政治挑战下采取量化宽松和加息政策，在平衡通胀与增长的同时，也面临一定高债务风险。

一、欧盟成立之前及欧盟早期的欧洲货币政策框架

（一）欧盟成立之前的欧洲货币政策框架

在二战结束后，欧洲国家陷入了废墟和破碎之中。在这段时期，美国成为欧洲国家的主要支持者，通过马歇尔计划向这些国家提供了资金和援助，帮助它们进行了战后的重建工作。正是这一时期的合作奠定了欧洲经济一体化的基础。美国的援助条件是要求欧洲国家相互合作，这导致了欧洲经济合作组织（EEC）和欧洲支付同盟（EPA）的建立。

　　欧洲煤钢共同体的成立是欧洲经济一体化进程的关键一步。这个想法最初是为了避免德国再次成为一个独大的工业国家，因此，法国希望通过控制德国的煤炭和钢铁产业来限制其实力。1951年，法国、德国、意大利、荷兰、比利时和卢森堡签署了建立欧洲煤钢共同体的《巴黎条约》，实行了煤炭和钢铁联营。然而，这项措施产生了意想不到的效果，即促进了欧洲经济一体化的发展。在共同体内部，成员国之间贸易的增加和技术的进步推动了欧洲煤钢企业的发展。

　　1957年，六个国家签署了《罗马条约》，正式建立了欧洲经济共同体（EEC）和欧洲原子能共同体（EURATOM）。这一步标志着欧洲经济合作进入了新的阶段，有专门的超国家机构进行管理和协调。欧洲经济共同体的目标是建立一个商品和服务的共同市场，取消各国间的贸易和非贸易壁垒，促进资本、劳动力和商品在共同体内部的自由流动；而原子能共同体的目标是加强对原子能产业的研究、投资和建设，保障原子能的和平利用。

　　《罗马条约》还规定了成员国政策应逐步趋同的原则，要求各国的经济与货币政策应保证国际收支平衡，维持币值稳定。为此，欧洲经济共同体成立了货币委员会来监督实施这一条款，要求各成员国对经济政策、汇率政策、货币政策给予共同的关心。

　　欧元的诞生是欧洲经济和货币一体化进程的必然结果。在二战后，欧洲国家通过合作和互助，奠定了欧洲经济一体化的基础。通过欧洲煤钢共同体和欧洲经济共同体的建立，欧洲国家逐渐实现了经济上的整合，最终形成了欧元区。欧元的诞生不仅仅是货币政策的变革，更是欧洲国家在经济上相互依存的体现，是他们共同走向繁荣与稳定的里程碑。

（二）《沃纳报告》与"蛇形"汇率机制

在这个特定时期，全球经济和国际货币体系经历了巨大的变革，其中欧洲经济共同体的成员国开始加速协调货币政策，并提出了货币一体化的愿景。经济联盟的成员国认识到，通过深化货币合作，可以在国际舞台上取得更大的影响力和稳定性。

1969 年 12 月，在海牙举行的欧洲经济共同体首脑会议成为开启欧洲经济与货币联盟建立讨论的关键节点。会议之后，《沃纳报告》提出了一个有着明确阶段的计划，以实现货币一体化的目标。这一计划分为三个主要阶段，为推动欧洲经济与货币联盟的发展提供了框架和方向。

为了达到《沃纳报告》的目标，欧洲经济共同体理事会在 1972 年做出了决定，决定建立所谓的"蛇形"汇率机制，旨在稳定欧洲货币的汇率。该机制通过规定成员国货币对美元的浮动幅度、设立中心汇率的调整机制以及推动货币合作措施，旨在维持欧洲货币体系的稳定。然而，这一机制并非完美，存在一些缺陷需要解决。

尤其是在 1973 年全球性石油危机爆发后，"蛇形"汇率机制迅速解体。这场危机不仅对全球经济造成了重大冲击，也对欧洲各国的货币政策协调产生了负面影响，导致协调的低潮。然而，尽管遭遇挫折，但这段经历为后来货币一体化的发展积累了宝贵的经验教训，为未来的欧洲货币联盟奠定了基础。通过这一过程，欧洲经济共同体成员国意识到，要实现货币一体化，必须克服重重挑战，并在危机中寻求共同解决方案。

（三）欧洲货币体系（EMS）的建立和发展

欧洲货币体系（EMS）的建立标志着欧洲货币政策的重大进步。于 1979 年 3 月正式成立的欧洲货币体系旨在为欧洲国家建立一个稳定的货币环境，以促进经济的发展和合作。该体系的核心目标是在允许成员国货币自由浮动的同时，保持彼此货币汇率的稳定。这一目标通过实行统一的汇率机制、建立欧洲货币单位（ECU）以及设立欧洲货币基金等主要内容来实现。

首先，欧洲货币体系实行统一的汇率机制。在这一机制下，成员国货币之间保持相对固定的汇率，允许波动范围为 ±2.25%。此外，规定了中心汇率的调整机制以及成员国央行的干预责任。这样的设计旨在维护各成员国货币间的汇率稳定，为跨国贸易和投资提供可靠的货币环境。

其次，欧洲货币体系设立了欧洲货币单位（ECU）。ECU 是基于各国经济实力加权计算的一篮子货币，被广泛应用于汇率机制、国际金融市场以及欧洲内部的计价和结算手段。ECU 的引入为欧元的发行提供了经验，并为欧元的诞生奠定了基础。

第三，欧洲货币体系建立了欧洲货币基金。该基金旨在支持成员国对外汇市场的干预，促进内部汇率体系的稳定，以及协调成员国央行间的信贷。通过逐步集中成员国的外汇储备，欧洲货币基金增强了欧洲货币体系的抗风险能力，并为应对货币市场波动提供了支持。

总体而言，欧洲货币体系的建立是欧洲经济一体化进程中的重要里程碑。它为欧洲国家提供了一个共同的货币框架，增强了货币政策的协调性和一致性，促进了欧洲内部的经济发展和贸易合作。随着时间的推移，欧洲货币体系将继续发展和完善，以适应不断变化的国际经济环境，并为欧洲经济的繁荣与稳定作出更大的贡献。

在过去的几十年里，欧洲汇率机制经历了多个关键阶段，从开始阶段到危机阶段再到平静恢复阶段，每个阶段都塑造了欧洲货币体系的演变轨迹。

首先，我们回顾开始阶段。这一阶段的特点是不稳定性，汇率频繁重新安排，德国马克在其中扮演了关键角色。汇率的频繁重新安排导致市场不确定性增加，使得欧洲经济面临着挑战。接着是中间阶段，相对于开始阶段，这一阶段相对平静。调整频率和幅度减小，各国对"硬通货"的选择更加坚定，这为欧洲货币体系的稳定奠定了一定的基础。然后是重新安排阶段，这一阶段相对稳定，新成员加入汇率机制，但实际上存在汇率的固定幻觉。尽管整体上相对稳定，但仍有一些潜在的风险和不确定性存在。接下来是危机阶段，这个阶段出现了急剧动荡，多国货币贬值，波动幅度扩大。这一阶段的发生使得欧洲货币体系面临着严峻的挑战和考验。最后，是平静恢复阶段。在这个阶段，汇率机制逐渐向货币联盟过渡，逐渐稳定并结束。尽管经历了波折，但欧洲货币体系最终走向了稳定。

欧洲货币体系在近20年的运行中，虽然经历了困难但逐渐壮大，功能完善，接纳新成员，为欧洲地区货币汇率稳定做出了重要贡献，促进了成员国货币政策协调，减少了汇率波动，为货币一体化奠定了基础。这一过程体现了欧洲各国在货币政策上的合作和协调，为欧洲经济一体化提供了坚实的基础。

（四）向经济货币联盟过渡时期的欧盟货币政策

在 20 世纪 90 年代后期，欧盟各成员国加快了货币一体化的步伐，这标志着欧洲经济一体化进程的深化和加速。1991 年 12 月，欧洲共同体的首脑们在荷兰签署了《马斯特里赫特条约》（以下简称《马约》)，该条约规定了欧洲经济与货币联盟的建立。《马约》的主要内容涵盖了建立欧盟的框架、实施单一货币政策、达成经济趋同标准、共同制定外交安全政策等重要方面。该条约于 1993 年生效，为欧洲货币联盟的建立提供了清晰的路线图和法律保障，被视为货币一体化进程的重要里程碑。

欧洲货币联盟的发展划分为三个阶段，首先是从 1990 年 7 月至 1993 年底，其次是从 1994 年至 1998 年底，最后是从 1999 年 1 月 1 日至今。在每个阶段，欧盟的任务都包括推动欧盟内部的统一市场，加强成员国之间的货币政策合作，为欧洲央行的成立做好准备，以及逐步实现单一货币的发行等重要目标。1999 年 1 月 1 日，欧洲货币联盟迈入第三阶段，欧元正式成为欧洲货币联盟内唯一的法定货币，取代了各成员国原有的货币，标志着欧洲货币一体化的最终实现。

通过《马约》的签署和欧洲货币联盟的建立，欧盟成员国希望通过统一的货币政策和市场，加强欧洲经济的整体竞争力，促进欧洲内部的贸易和投资活动，提高欧洲在全球经济中的影响力和地位。尽管货币一体化进程面临着挑战和困难，例如成员国之间的经济差异、货币政策的协调问题等，但欧盟仍然坚定地推动着这一进程，以实现欧洲经济一体化的宏伟目标。

（五）小结

1.欧洲货币一体化进程的演进标志着欧盟货币政策的变革与重组

起初，各成员国和其相关机构在货币政策方面拥有主导地位，但随着时间的推移，欧洲央行逐渐崛起，成为协调欧元区货币政策的主导者。早期的货币政策协调是为了实现各国国内目标，由各成员国政府及央行负责。然而，这种分散的方式导致了协调的困难和效率低下。

尽管《罗马条约》提及共同关注汇率政策，但未规定具体的协调机制，留下了漫长的协商空间。《沃纳报告》试图通过建立统一的中央货币当局来解决这一问题，但受到货币市场混乱的影响，该计划未能实施。然而，这标志着超国家货币协调机构的萌芽阶段的开始。

随着《马约》的签订和欧洲货币联盟的成立，欧洲货币一体化迈出了重要一步，超国家统一货币当局正式诞生。欧洲央行的建立使其成为欧盟各成员国货币政策协调的主导者，各成员国逐渐退居次席。欧洲央行不仅承担了货币政策的制定和执行责任，而且在金融稳定和监管方面也发挥着关键作用。

这一演进过程反映了欧洲货币政策的转型：从分散的国家主导到集中的超国家机构主导。欧洲央行的崛起标志着欧元区货币政策的整合和统一，为欧洲经济的稳定和繁荣奠定了基础。然而，这一过程也面临着诸多挑战，包括成员国利益的平衡、经济周期的不同步和金融市场的波动等，需要不断地协调和调整。

2.从协调的程度来看，欧洲货币政策协调的范围逐渐扩大，层次逐渐深化

欧洲货币一体化的历程是欧洲经济和金融领域中的一项重大进程，

其发展经历了从最初的简单汇率政策到如今的单一货币政策的演变。这一进程不仅在形式上实现了货币的一体化，更在实质上深化了各国之间的货币政策协调。

第一，关于欧洲货币一体化的演进，我们可以追溯到其初级阶段，当时欧洲各国主要通过简单的汇率政策来协调其货币政策。然而，随着时间的推移和经济的发展，这种简单的汇率政策逐渐显得不够灵活和有效。于是，欧洲各国决定朝着更为深入的一体化方向发展，最终实现了单一的货币政策，这标志着欧洲货币一体化迈出了重要的一步。

第二，货币政策协调的深化主要体现在三个方面。首先是参与国的增多。随着欧洲货币一体化进程的推进，越来越多的国家加入了货币政策协调的行列中。这不仅反映了欧洲一体化进程的深化，更体现了货币政策协调的成功吸引力。其次是协调机构的完善。随着欧洲一体化进程的不断推进，相关的协调机构也得到了进一步的完善和加强，从而更好地支持和促进各国货币政策的协调与合作。最后是协调内容的丰富。随着欧洲央行体系的日益完善，各个成员国的货币政策协调内容也变得越来越丰富，不仅包括汇率政策，还涉及利率政策、货币供应等多个方面，从而更好地适应了欧洲经济的发展需要。

第三，欧洲央行体系的日益健全也是欧洲货币一体化进程的重要体现之一。过去，欧洲各成员国在货币政策上主导地位不均，导致协调困难。但是随着欧洲央行的建立和发展，如今已经形成了一个更加独立和完善的欧洲央行体系。这使得欧洲货币一体化进程更加顺利和有效。

欧洲货币一体化的历程是欧洲经济和政治发展的重要组成部分，其深远影响超越了地域和国界。这一过程的实现并非一蹴而就，而是经历了漫长而复杂的阶段，其中涉及了多方的协商、调整和合作。关键点和结论可分为以下几个方面展开：

首先，欧洲央行体系的建立为货币一体化提供了坚实的组织和人才保障。这一体系拥有庞大的员工队伍和多样化的职能部门，包括监管、分析、研究等，使得其能够更加有效地协调各成员国的货币政策。这些部门不仅为货币政策的制定、执行和监督提供了必要的支持和保障，同时也为欧洲货币一体化的进程提供了强大的后盾。

其次，欧洲货币一体化的发展经历了多个阶段，其深化体现在参与国增多、协调机构完善、协调内容丰富等多个方面。从《罗马条约》到《沃纳报告》再到欧洲经济与货币联盟的实现，欧洲货币一体化经历了漫长而曲折的过程。在此期间，各阶段的制定、调整和实施都需要各成员国之间的密切合作和协调。

第三，货币政策的协调促进了欧洲经济一体化和共同繁荣，为欧洲的稳定与发展做出了重要贡献。通过不断加强货币政策协调，欧洲各国能够更好地实现经济一体化，共同应对各种挑战，推动欧洲的整体发展。

第四，单一货币政策的实施带来了新的挑战和机遇。一旦金融机构可以自由地接受任何成员国居民的存款或贷款，各央行的地域界限将逐渐消失，货币政策执行的效果将更加依赖于欧洲央行体系的有效运作。因此，欧洲央行及其各成员国的央行合作必将日益深化，货币政策合作的层次也将不断提升。

值得注意的是，欧洲货币一体化虽然取得了重要的进展，但仍面临着挑战和不确定性。例如，欧盟内仍有一些国家未加入欧元区，而且单一货币政策的实施可能会导致一些国家在应对经济危机和外部冲击时的灵活性受到限制。因此，欧洲各国需要继续加强合作，共同应对各种挑战，推动欧洲货币一体化进程的持续发展。

欧洲货币一体化的实现是欧洲经济和政治一体化进程的重要组成部分，其对于欧洲的稳定和发展具有重要意义。通过不断加强货币政策协调，欧洲各国能够更好地实现经济一体化，共同应对各种挑战，推动欧洲的整体发展。然而，欧洲货币一体化仍面临着诸多挑战和不确定性，需要各国共同努力，持续推动一体化进程的稳步发展。

欧盟的货币政策协调是一个复杂而渐进的进程，其发展涉及多个阶段和层次，具有明显的特征和结构。首先，我们需要理解欧盟货币政策协调的阶段之间并不存在明显的分界线。不同阶段的政策协调内容相互交织，而且并非严格连续的。换言之，实现较高层次的政策协调并非单纯地取决于较低层次的协调实现程度，而是需要前期阶段的基础和进展。举例来说，欧盟在尝试将货币政策与财政政策相结合时，这一协调工作始于关税同盟，一直延续至经济货币联盟，但只有在货币一体化实现之后，财政政策协调才成为主要方面。因此，货币政策协调呈现出明显的从低级到高级的趋势，但并非一蹴而就的过程。

欧盟货币政策协调的发展具有渐进性，这意味着各个层次之间的政策协调是相辅相成的。任何伴随着经济一体化的货币政策协调都需要经历汇率政策、货币政策、财政政策等多个阶段。在这个过程中，超越任何一个阶段都是不现实的。例如，在欧盟成立初期，虽然《罗马条约》中提出了对欧盟的财政、货币政策进行协调，但没有具体的实施规定。而随着时间的推移，如1969年《沃纳报告》提出的建立经济货币联盟，以及1989年《德洛尔报告》中对财政货币政策协调的具体措施，表明了欧盟货币政策协调的渐进性。因此，货币政策协调的深化必须在一体化程度达到一定水平后才能实现。

另外，欧盟经济一体化与货币政策协调存在着对称性。经济一体化的实践需要各成员国之间政策的融合，这进一步推动了货币一体化的发展，并与货币一体化的程度相适应。例如，汇率政策协调为欧共体建立了真正的统一大市场，而货币政策与财政政策的协调则成为经济联盟的重要保障。这种对称性表明，欧盟的经济一体化和货币政策协调是相辅相成的，并且相互促进着欧洲经济的整体发展。

欧盟货币政策协调的发展不仅涉及阶段性的进展，还体现了其渐进性和对称性。这一进程不仅仅是欧盟经济一体化的必然结果，也是欧洲各国共同推动经济发展、实现繁荣的重要举措。通过不断加强政策协调，欧盟将能够更好地应对国际经济挑战，实现经济增长和可持续发展的目标。

3. 从协调的机制来看，欧洲货币政策协调的程序日益完善

在欧洲，货币政策协调最初是基于各国的自愿行动。这意味着各国政府通过磋商和谈判来达成协议，依赖国家信誉来确保协议的执行。这种协调过程包括各国政府表达它们的意愿、交流信息、共同制定政策，并建立监督机制以确保执行。这种初期阶段的协调虽然是积极的，但在一体化进程中逐渐显露出一些不足之处。

随着欧洲经济一体化的不断深化，货币政策协调也逐步发生了变化和完善。更强有力的执行机构被引入，以加强协调的效果，并确保各国政府不会轻易违反协议。此外，具体的惩罚措施也被制定出来，以对违规行为进行处罚，从而提高了协调的有效性和可信度。

4. 从协调的效果来看，欧洲货币政策协调的作用日益显著

在欧洲货币政策的演变历程中，早期的协调努力并未取得显著成

效。在布雷顿森林体系时期，各国货币与美元挂钩，这限制了欧洲国家在货币政策上的自主性。尽管布雷顿森林体系相对稳定，但欧洲国家间的货币政策协调却较为有限。此时期正值欧洲一体化的初期阶段，经济政策和货币政策的协调尚未成熟，因此，货币政策协调的效果并不明显。

然而，20世纪70年代的"蛇洞"汇率机制为欧洲货币政策协调迈出了第一步。该机制旨在通过协调各国货币政策来控制欧洲国家间的汇率波动。虽然"蛇洞"机制初期取得了一定效果，但由于设定的汇率浮动范围过窄以及其他因素的综合影响，其效果并不理想。这导致了"蛇洞"机制的失败，最终被欧洲货币体系所取代。

欧洲货币体系的建立标志着欧洲货币政策协调迈入了新的阶段。在这一阶段，欧洲国家建立了更为完善的协调机制，包括建立了浮动范围更大的汇率机制和欧洲货币基金。此外，各成员国还将维持欧洲货币体系作为一种共同的责任来承担，并将欧洲货币单位（ECU）作为共同的外汇储备资产和清算工具。这一系列举措的实施，使得欧洲货币体系得以顺利运行，并逐渐固定了各成员国的汇率。

欧洲货币体系的成功运行为欧元的诞生奠定了坚实基础。随着欧元的流通，欧元区成为世界上最大的货币联盟之一。欧元的引入降低了交易成本，扩大了资本市场，消除了汇率风险和价格不确定性，增强了竞争力。同时，欧元的流通也为各成员国带来了巨大的经济利益，促进了欧洲经济的发展和一体化进程的加速。

欧洲货币政策协调经历了从初期的无效到后来的逐步完善和成功的过程。这一过程不仅推动了欧洲一体化进程的发展，也为欧洲国家带来了更加稳定和繁荣的经济环境。

二、欧债危机时期欧盟的货币政策框架

（一）欧债危机的演变过程

1.欧债危机的导火索：债台高筑的希腊

欧洲主权债务危机（简称欧债危机）的根源可以追溯到 2008 年的全球金融危机。这场危机在全球范围内引发了一系列经济动荡，而欧洲国家尤其是地中海国家在此次危机中备受冲击。为了应对危机，欧洲各国纷纷实施了大规模的财政刺激计划，以刺激经济增长和缓解就业压力。然而，这些计划导致了国内财政赤字的大幅增加，进而引发了国家总债务的持续攀升。

特别是希腊、西班牙、葡萄牙和爱尔兰等国家，它们的财政状况迅速恶化。这些国家的财政赤字占国内生产总值的比例远超过了欧盟规定的安全线标准。以希腊为例，其财政赤字在 2009 年突破了欧盟规定的 3% 的上限，达到了惊人的 12.7%。其他国家的情况也类似，如西班牙的财政赤字达到了 11.4%，葡萄牙为 9.3%，爱尔兰则高达 13%。这些数据凸显了这些国家严重的财政问题，为欧洲主权债务危机埋下了伏笔。

希腊的财政状况尤为恶化，成为欧洲主权债务危机的导火索。在 2009 年 10 月初，希腊政府突然宣布其政府财政赤字和公共债务占国内生产总值的比例分别达到了惊人的 12.7% 和 113%，远超过了欧盟《稳定与增长公约》规定的 3% 和 60% 的上限。这一消息震惊了国际社会，全球三大信用评级机构惠誉、标准普尔和穆迪相继下调了希腊的主权评级，使希腊的信用等级直线下滑。惠誉首次将希腊的信用评级降至 A 级之下，标普和穆迪也相继下调了希腊的主权评级。这一系列事件使希腊政府陷入了严重的财政危机之中，正式拉开了希腊债务危机的序幕。

希腊债务危机的爆发并不仅仅是一个国家的问题，而是整个欧洲的问题。欧洲其他国家，如比利时和西班牙等，也开始陷入类似的危机之中。多米诺骨牌效应开始显现，欧洲各国纷纷受到危机的影响。整个欧盟都卷入了这场风暴之中。这导致了欧元汇率持续下跌，美元持续升值，欧洲股市受到严重打击。欧洲核心国家，如德国等也开始感受到了危机的影响。整个欧元区面临着成立以来最严峻的考验。

面对欧洲主权债务危机的严重威胁，欧洲各国政府采取了一系列应对措施。最为重要的是在 2010 年 5 月 10 日，欧盟成员国财政部长们经过马拉松式的谈判，达成了一项总额高达 7500 亿欧元的救助方案。该方案旨在救助同希腊一样陷入债务问题或有可能步希腊后尘的其他欧元区国家，以遏制希腊债务危机的蔓延，并力促欧元的稳定。这一救助方案的达成为欧洲主权债务危机的化解提供了重要的希望。

2. 希腊债务问题爆发的原因

希腊债务问题是一个复杂而深远的议题，其背后涉及多方因素和长期发展。首先，2008 年金融危机后，欧洲多国采取了扩张的财政和货币政策，导致债务激增，希腊便成为其中之一。尽管其他欧元区国家也面临债务问题，但为何希腊率先爆发债务危机？这与其自身的经济结构和政策密不可分。

第一，希腊长期以来未能遵守欧元区《马约》关于国家财政赤字和债务水平的规定，这在金融危机后变得尤为显著。希腊政府未能严格控制财政赤字，甚至掩盖实际状况，导致债务持续累积。尤其是希腊政府为了满足选民需求，不断增加公务员工资和社会福利支出，使得财政状况雪上加霜。2009 年，希腊的国家公共债务占国内生产总值的比例已高达 119%，远高于其他欧元区国家。

第二，希腊经济高度依赖消费支出，尤其是个人消费。金融危机后，居民消费大幅下降，但由于缺乏灵活的货币政策和出口竞争力不足，希腊无法通过增加出口来弥补消费下降的影响。相反，政府不得不依赖大量投资和消费来拉动经济，导致赤字进一步扩大，形成恶性循环。

第三，希腊的产业结构脆弱，易受外部冲击影响。主要依赖海运和旅游业的希腊在 2009 年欧盟游客减少的情况下遭受了重创，旅游收入大幅下降。这直接导致政府财政收入锐减，而支出并未相应减少，使得希腊面对外部危机时无力应对。

第四，希腊政府多年来未能有效打击偷逃税问题，使得政府财政收入流失严重。这加剧了财政赤字，令政府无力填补巨额支出留下的缺口，进一步加剧了债务问题。

第五，评级机构的行为也放大了危机的影响。希腊的主权信用评级不断下调，导致其融资成本增加，国债抵押价值降低，加剧了债务问题的恶化。

希腊债务问题的爆发是多种因素长期作用的结果。从政府的财政政策到经济结构的脆弱性，再到国际评级机构的行为，每一个因素都在不同程度上推动了危机的发展。解决希腊债务问题需要综合施策，包括政府财政改革、经济结构调整以及国际合作与支持等方面的努力。

3.欧债危机的影响

自希腊爆发债务危机以来，全球金融市场迅速聚焦于欧洲的债务困境，尤其是当希腊主权债务被评为"垃圾级"后，市场立即捕捉到了这一问题的严重性。随着一些投资机构的推波助澜，类似情况开始在其他欧洲国家显现，包括西班牙、葡萄牙和爱尔兰，它们也陆续曝出高债务、高赤字的情况，债务危机随之向这些国家蔓延。其中，受债务危机最为严重的是葡萄牙、爱尔兰、希腊、西班牙、意大利五国。

根据美国银行的统计数据，仅 2010 年一年，这五个国家所需偿付的债务就高达 6000 亿美元，而到 2013 年，这一数字已经接近 2 万亿美元，显示了这一债务危机的巨大规模。

尽管希腊是最先爆发债务问题的国家，并引发了主权债务危机，但其他欧元区成员国也面临着严重的债务问题。根据欧盟的统计数据，自 2009 年危机爆发以来，除了西班牙外，葡萄牙、意大利、爱尔兰的财政赤字和公共债务水平均超过了欧盟所允许的上限。西班牙虽然公共债务水平略低，但其政府财政赤字仍然值得警惕。从 2010 年到 2012 年，这几个国家的公共债务水平持续飘红，虽然政府财政赤字有所下降，但仍远远超过了《马约》的警戒值。

这些国家的债务问题不仅仅影响到了它们自身的经济稳定，也对整个欧元区的稳定造成了严重威胁。债务危机引发了对欧元区内部机制的质疑，暴露了欧盟成员国在货币政策、财政政策和监管方面的不协调性。为了应对这一危机，欧盟和国际金融机构采取了一系列措施，包括提供紧急贷款、实施财政紧缩政策和进行结构性改革，以重振这些国家的经济。

然而，债务危机的根源问题仍然存在。这些国家的高债务、高赤字主要是由于长期以来的经济结构问题、政府支出过度和监管不力等因素造成的。解决这些问题需要综合性的政策措施，包括改革税收制度、提高政府效率、促进经济增长、加强金融监管等方面的努力。同时，欧元区成员国之间也需要加强合作，共同推动欧洲经济的稳定和增长。

因此，尽管欧洲债务危机已经在一定程度上得到了控制，但这仍然是一个持续挑战，需要各方的长期努力和合作才能解决。只有通过政策的持续改革和合作，才能确保欧洲经济的稳定和繁荣。

（二）欧盟应对债务危机的货币政策框架

1.对希腊的救助措施

希腊债务危机是 21 世纪初期欧洲经济面临的最严重挑战之一。为了遏制危机蔓延并维护欧元区的稳定，欧元区成员国采取了一系列措施，其中包括自愿双边贷款救助计划。这个救助计划的提出显示出欧元区对希腊危机的反应，然而，它也揭示了对危机严重性的低估。

起初，欧元区成员国提出了救助计划，但其前提是维护欧元的稳定。这表明它们对希腊危机的严重性估计不足。救助计划的目的在于增加市场对希腊的信心，然而，尽管有这一举措，危机并没有减弱，反而蔓延至其他欧元国，加剧了整个欧元区的不稳定局势。

第一轮一揽子援助计划于危机爆发后不久启动。2010 年 5 月，欧元区提供了总额高达 1100 亿欧元的贷款救助，但是这种援助并非无条件的。欧元区要求希腊实施紧缩政策和经济改革，以应对其日益严重的财政困境。在这一援助计划中，德国承担了 27.9% 的份额，援助利率为 5%，希腊必须在三年内将财政赤字降低至 3% 以下，这对于一个经济处于困境的国家来说是一项巨大的挑战。

然而，随着时间的推移，希腊的债务问题和经济状况持续恶化，迫使欧元区成员国不得不启动第二轮一揽子援助计划。2011 年 7 月，欧元区同意提供总额达 1090 亿欧元的援助，其中包括延长贷款期限、降低利率以及私营债权人参与的方案。这些措施的实施减轻了希腊的还债压力，同时也加强了欧洲金融稳定设施（EFSF）的作用和功能，为危机的解决提供了一定的缓解。

尽管欧元区采取了多轮援助计划来应对希腊债务危机，挑战仍然存在。要解决这一问题，需要长期的经济改革和财政稳定措施。这需要希腊政府采取更为积极的行动，包括加强监管和减少财政赤字，同时欧元区成员国也需要继续提供支持和协助，以确保整个欧元区的稳定和繁荣。希望通过这些措施，希腊及欧元区其他成员国能够摆脱债务危机的困扰，重建经济发展的基础，实现长期的可持续增长。

2. 对其他危机国家的紧急援助

在过去的几年里，欧洲大陆面临了一场严重的债务危机，由希腊引发，随后波及了其他国家，包括爱尔兰、葡萄牙、西班牙和意大利。这些国家的财政状况急剧恶化，赤字持续攀升，面临着债务违约的威胁，不得不转向欧盟等国际机构求助。

爱尔兰是第二个在债务危机中寻求援助的国家。2010 年 11 月 21 日，面对国内金融和银行业状况的恶化，爱尔兰政府向欧盟和国际货币基金组织（IMF）正式提出援助申请。随后，2010 年 11 月 27 日到 28 日，欧元区国家和欧盟财政部长召开特别峰会，决定向爱尔兰提供总额为 850 亿欧元的贷款援助，其中 175 亿欧元由爱尔兰国内养老金储备基金自筹。这意味着爱尔兰成为继希腊之后第二个因主权债务危机接受外部援助的欧元区成员国。爱尔兰政府接受了援助的条件，包括进行财政紧缩和结构改革。

葡萄牙在爱尔兰之后成为第三个寻求外部援助的国家。2011年4月初，由于穆迪公司再次下调了其主权信用等级，葡萄牙十年期国债收益率飙升至10%以上。4月6日，葡萄牙看守政府总理苏格拉底宣布，葡萄牙政府决定申请欧盟援助。4月18日，葡萄牙政府同欧盟委员会、欧洲央行以及国际货币基金组织的代表开始了有关援助的谈判。最终，双方达成一致，葡萄牙将在未来三年获得总额为780亿欧元的援助，其中520亿欧元由欧盟负责，其余260亿欧元来自IMF。作为援助的条件，葡萄牙承诺进行财政整顿和结构改革，以将财政赤字降至《马约》规定的3%标准。

然而，欧洲的债务危机并未就此结束。西班牙成为第四个寻求援助的国家。2012年6月9日，欧元区财长在与西班牙政府的电话会议上同意向西班牙银行提供不超过1000亿欧元的贷款。然而，与对其他国家提供救助不同，欧元集团并未提出严格的援助条件，例如财政紧缩和结构改革。这一做法引发了其他国家的不满和抗议。

这种在处理危机国家时的不一致性暴露了欧元区货币体系框架的规则缺陷，可能导致持续的恶劣影响。对于欧洲经济和货币联盟而言，这是一个巨大的挑战，需要更加紧密的合作和更有效的制度来应对未来可能出现的类似危机。

（三）欧债危机中的德国经济

在全球经济低迷和欧洲经济不景气的大环境下，德国经济却显得异军突起。自2008年的全球金融危机以来，德国经济持续呈现出稳健的增长态势，尤其在欧债危机最为严重的时期，其经济表现更加出色。这引发了人们的好奇，为何德国能够在如此艰难的环境中脱颖而出，实现经济的稳健增长？答案并非单一，而是多种因素共同作用的结果。

首先，德国经济的复苏和发展得益于多方面因素的积极作用。消费、投资和出口业的复苏以及失业率的下降为德国经济注入了新的活力，使其得以摆脱危机的困扰。此外，德国作为技术强国，吸引了大量技术移民的涌入，降低了技术成本，进一步促进了经济的发展。同时，德国政府保持着平衡的财政预算，有效控制了经济风险，为经济的稳定增长奠定了基础。另外，快速发展的住宅市场也为经济提供了强劲支撑，为德国经济的复苏和发展注入了新的动力。

其次，德国在欧债危机中的表现值得关注和思考。与其他欧洲国家相比，德国在危机中的表现更加出色，这不仅是因为其经济结构更为健康，更重要的是德国的货币政策功不可没。欧洲央行作为"最后贷款人"的角色在摆脱主权债务危机中扮演着重要的角色，然而，德国对于欧洲央行的一系列举措并不完全认同，特别是在涉及购买债券和注入流动性资金等问题上。德国坚持稳定为导向的货币政策，担心欧洲央行的行为可能导致通货膨胀和财政赤字的货币化，进而引发社会动荡和危机。这种对稳定的追求源于德国历史上两次恶性通货膨胀的痛苦经历，给德国人留下了深刻的记忆和警示。

欧洲央行在欧债危机中的应对措施也备受争议。一方面，欧洲央行通过从二级市场购买债券等措施，一定程度上缓解了危机的蔓延，并避免了银行业的又一次危机。然而，欧洲央行持续注入大量流动性资金的举措却引发了德国的强烈反对，主要是基于对通货膨胀和道德风险的担忧。德国认为，欧洲央行作为"最后贷款人"可能削弱成员国政府减少财政赤字和公债的动机，进而引发更大的经济风险和社会危机。因此，德国坚持要求欧洲央行遵循《马约》的"不纾困"条款，维护价格稳定和财政纪律的共识。

德国经济能够在全球经济低迷和欧洲债务危机的环境中保持稳健增长，既得益于自身经济结构的优势，又离不开良好的货币政策和稳健的财政政策的支持。

三、欧债危机以后的欧盟货币政策框架

欧债危机以来，随着一体化进程的加速推进，欧盟成员国的利益诉求日益多元化。在协商不能达成一致的情况下，欧盟借助选择不参加、部分成员国在联盟货币政策框架之外的深化合作或增强合作机制等多种策略来弥合内部分歧和推进合作，由此导致进一步差异化。

欧债危机是欧盟面临的一次重要危机，暴露了欧元区制度的缺陷，倒逼欧盟深化改革。欧债危机迫使欧盟出台一系列应对措施，大大推动了金融和财政一体化。以英国为代表的非欧元区成员国先是高调反对欧盟从制度层面深化一体化。随着欧元区一体化进程的加速推进，英国等疑欧情绪强烈的成员国沿袭了一贯传统，选择不参加相关深化合作。

（一）单一清算机制

欧债危机在其破坏性的波澜中，揭示了欧盟金融监管体系的薄弱

之处，迫使欧盟采取积极行动以解决银行业面临的严重问题。这一危机促使欧盟成员国建立了银行业联盟，旨在加强对银行业的监管和管控。欧洲银行业联盟的核心包括单一监管机制（SSM）、单一清算机制（SRM）和单一存款保险机制，这些机制旨在确保欧洲银行业的稳定和健康发展。

2012 年 6 月，欧盟通过了建立银行业联盟的决定，并着手逐步推进相关机制的建设。在这个过程中，单一清算机制的草案引发了成员国内外的争议。最终，在 2014 年，各方达成了妥协，强调欧盟委员会在监管中的重要作用，同时也保留了成员国的决策权。欧洲议会于 2014 年通过了银行业单一清算机制法案，该条例于 2014 年 8 月 19 日正式生效。尽管该法案适用于所有单一监管机制成员国，但目前仅在欧元区成员国中实施。

这一系列举措旨在加强欧盟对银行业的监管和管控，从而减少金融系统的风险，并为银行业的稳定和发展创造良好的环境。欧洲银行业联盟的建立标志着欧盟在金融监管领域迈出的重要一步，为欧洲金融体系的长期健康发展奠定了坚实的基础。

（二）欧洲银行业合作与差异化：单一清算基金及欧债危机后的一体化措施

在欧洲银行业合作中，德国坚持通过政府间协议的方式推动单一清算基金的建立。2014 年 5 月 21 日，除了英国和瑞典外，欧盟其他 26 个成员国签署了建立单一清算基金的政府间协议。这一协议在 2015 年年底获得了 18 个成员国的批准，但仅适用于欧元区成员国。瑞典和英国对此持反对态度，主要出于不打算加入欧元区以及对银行业联盟不感兴趣的考虑。他们担心参与单一清算基金可能带来的财政风险以及失去对自身银行体系的控制权。

瑞典和英国政府选择不参加单一清算基金的主要原因在于利益考量和主权规范。瑞典的金融和银行体系相对健全和稳定，政府和议会认为参加单一清算体系可能会带来一定程度的财政风险。此外，瑞典倾向于保留自主权，在国家清算机构负责银行的重组和清算方面保持独立性。英国则担心加入单一监管机制会动摇伦敦作为国际金融中心的地位。因此，英国曾公开表示不会加入单一监管机制，并表示不会为单一清算机制掏腰包或为欧元区成员国的决定承担任何责任。

欧债危机爆发后，欧盟采取了一系列货币措施，加深了欧元区的一体化，同时加强了政策领域的差异化。这导致了欧元区国家和非欧元区国家之间以及非欧元区国家之间的差异化加大。面对欧洲一体化的进一步深化，非欧元区国家表现出不同的利益诉求：一些国家积极参与相关合作，而另一些国家则坚决反对进一步一体化，抵制欧盟出台新措施。

在欧盟成员国之间，没有借助增强合作机制来推进合作的主要原因在于其严格的启动条件和实施程序，以及欧债危机的紧迫性。虽然增强合作机制可以提高合作的民主合法性，但其严格的条件和程序决定了难以在短期内达成合作。因此，一些成员国在联盟框架之外深化合作，推动财政一体化建设，并获得了特殊的豁免权。而在其他政策领域，一些成员国申请并获得了增强合作的授权，导致了欧盟差异性一体化的进一步发展。

欧洲银行业合作在单一清算基金的推动下面临着不同国家的利益和主权考量。欧债危机后，欧盟一体化进程加深，但同时也增加了欧盟成员国之间的差异化。在这种背景下，欧盟成员国的合作模式和态度呈现出多样化，使得欧洲银行业的一体化发展更加复杂和多样。

四、新冠疫情时期欧盟货币政策框架及新时期欧盟货币政策展望

2020年，全球突如其来的新冠疫情改变了世界的发展轨迹。经济活动陷入停滞，全球经济陷入自二战以来最严重的衰退。失业率迅速攀升，许多行业受到严重影响。为了应对这一挑战，各国纷纷采取了大规模的宏观经济救助措施，以减缓经济下行压力，保护就业和企业的生存。

2019年11月，欧洲央行采取了积极的措施，重启了量化宽松政策。该政策措施包括增加资产购买计划的规模，并推出了应对新冠疫情影响的紧急抗疫购债计划。这些举措旨在通过提供流动性支持，维持金融市场的稳定，缓解企业和个人面临的融资压力，以及促进经济复苏。

然而，新冠疫情冲击的同时，欧洲还面临着地缘政治局势的不确定性。俄罗斯与乌克兰之间的紧张局势加剧了地区的不稳定性，给欧洲经济带来了额外的压力。在这种情况下，欧元区国家的通胀率也开始走高，增加了央行的政策制定难度。

面对这一情况，欧洲央行于2022年7月1日宣布了重大决定：终止资产购买计划下的净资产购买，并启动加息周期。这一举措标志着欧洲央行试图推进货币政策的正常化，以逐步回归到更为稳健的货币政策路径上。然而，这也意味着欧洲央行将逐渐结束其对经济的超常

规支持，这对欧元区经济和金融体系都将带来挑战。

首先，终止净资产购买将使欧元区面临更为严峻的经济环境。企业和个人可能面临更高的融资成本，而金融市场也可能面临更大的波动性。这可能会对经济复苏产生一定程度的拖累，甚至可能引发新的金融危机。

其次，加息周期的启动可能会对欧元区国家的债务负担产生影响。随着利率的上升，国家的债务成本可能会增加，这可能会加剧某些国家的财政困境，增加欧洲金融市场的不稳定性。

此外，欧元区经济和金融体系的稳定也将受到地缘政治局势的影响。持续不断的地缘政治紧张局势可能导致市场情绪波动，进一步加剧金融市场的不确定性，对欧元区经济造成负面影响。

欧洲央行的决定标志着欧元区经济政策的转折点。尽管试图推动货币政策的正常化，但同时也面临着诸多挑战和不确定性。在全球新冠疫情和地缘政治局势的双重冲击下，欧洲央行需要谨慎应对，保持经济金融体系的稳定，以促进欧元区经济的可持续发展。

（一）欧央行推进货币政策正常化的原因

通胀一直是经济政策制定者密切关注的焦点，而在欧洲，高通胀已经成为欧洲央行（欧央行）开始货币政策正常化的主要原因之一。2022 年 6 月，欧元区的消费者物价指数（HICP）达到 117，环比增长了 0.8%，同比增速从 2020 年年底的 –0.3% 上升至 8.6%，创下历史新高。而能源价格是推动欧元区通胀飙升的主要推手，其同比增速达到41.9%。而这种通胀高企的现象，已经开始向其他商品传导，比如食品（包含烟酒）价格同比上涨了 8.9%。

那么，为什么欧元区的通胀会连续创下新高呢？首先，新冠疫情冲击以及乌克兰危机是主要原因之一。一方面，疫情暴发期间，制造业产品供给受到了干扰，导致汽车、家电等产品价格上涨，同时交通运输成本也在上升。随着疫情逐渐缓解，居民消费需求释放，对通胀起到了支撑作用。据欧央行的测算，需求复苏带来了欧元区通胀提高近 0.8 个百分点。另一方面，欧洲对俄罗斯提供的石油、天然气等能源依存度较高，地缘冲突升级使得欧洲面临能源和食品价格飙升的严峻问题。乌克兰危机导致两国在能源、小麦等大宗商品方面的供应链中断，进一步推高了通胀率。

欧洲在能源方面的依赖性也是值得关注的。欧盟是世界第三大不可再生能源消耗国，其中近一半的天然气和煤炭以及近三分之一的油类产品来自俄罗斯。自 2019 年 12 月欧洲绿色协议公布以来，欧盟各国积极推动能源转型，而天然气作为较低污染的过渡能源显得尤为重要。根据统计数据显示，2020 年欧盟发电使用的能源中，天然气占比超过 20%。然而，随着乌克兰危机持续，作为欧洲天然气价格基准的荷兰 2022 年 3 月 7 日天然气期货价格升至 345 欧元 / 兆瓦时，创下历史新高。未来美欧加大对俄制裁或导致天然气价格迎来新一轮上涨潮。

此外，俄乌两国作为主要粮食出口国，颁布粮食出口禁令后，欧洲国家的粮食恐慌情绪开始蔓延，从而推动了粮食价格的上涨。随着通胀高企，能源、粮食等必需品价格上涨，居民消费支出能力受到削弱。因此，欧洲多国工会提出了加薪的要求，以缓解居民经济压力，防止潜在的"工资—通胀螺旋"。

乌克兰危机对美欧经济产生了非对称影响，加上货币政策正常化速度不同，导致两国经济出现分化，欧元处于弱势地位。首先，从能源结构上来看，欧元区多数石油和天然气依赖于进口，而美国则是石油净出口国，拥有较高的能源自给率。乌克兰危机下，美欧制裁导致油气价格大幅上涨，欧元区国家受到的影响更为严重，加剧了美欧经济的分化。其次，从资金流动方面来看，美元在冲突中具有更为强势的避险属性，全球避险情绪的升温带动资金回流美国，支撑了美元的升值，而欧元则处于弱势。最后，从美欧央行对于通胀的态度来看，美联储在 2022 年 3 月开始了加息周期，相较于欧央行的 7 月份，显然具有明显的先发优势。这种货币政策的分化也推动了经济的分化，进一步加剧了欧元的贬值。

（二）欧洲央行货币政策正常化带来的挑战

欧洲央行的货币政策转向引发了广泛的关注和讨论。这一转变意味着欧央行从宽松政策转向了紧缩政策，这种转变可能在短期内引发资本市场的不稳定，从而对经济产生一定程度的冲击。然而，更为重要的是，这种紧缩政策在中长期可能会产生一系列复杂的影响，其中之一是警惕降低通胀效果不佳可能加速经济下行的风险。此外，欧央行也需要警惕欧债危机再次发生的可能性，特别是考虑到欧元区国家高负债水平的现实情况。

英美的经验为我们提供了一个有益的参考。根据英美的经验，持续加息可能会导致通胀持续高涨，但却伴随着经济增长放缓的情况。这为欧央行带来了一场艰难的选择，即如何在"降低通胀"和"保持经济增长"之间取得平衡。因此，欧洲央行在制定政策时必须认真权衡各种因素，并采取适当的措施来维持经济的稳定增长。

欧洲央行的加息政策将产生一系列影响。短期内，这种政策可能会驱动欧元区债券收益率上升，债券价格下跌，从而对市场的稳定性构成一定的考验。长期来看，加息政策可能对经济增长和通胀率产生影响，因此欧央行需要密切关注市场的反应，并根据实际情况灵活调整政策。

欧元区国家的高债务水平是一个长期存在的问题。这使得欧央行在政策正常化的过程中必须格外警惕债务风险，以防止欧债危机再次爆发。然而，欧央行用于缓解欧元区国家债务压力的工具相对有限，因此可能需要进行工具创新，以应对潜在的危机。

另一个需要关注的问题是银行面临的风险。欧元区国家银行不仅面临着主权债务风险，还受到俄罗斯债务风险的影响，这加剧了它们的经营风险。为了确保银行系统的稳定性，必须采取适当的预防措施，包括加强监管和风险管理。

欧洲央行需要在加息过程中平衡通胀压力与经济增长，同时警惕欧元区国家的高债务水平可能带来的危机。只有确保货币政策正常化过程稳健进行，才能维护欧元区经济的稳定和可持续增长。

（三）欧洲央行货币政策正常化的潜在影响

欧洲央行（European Central Bank，ECB）从 2022 年 7 月末起积极推进货币政策的正常化和加息，这一举措可能迎来一系列挑战，涉及经济下行、债券市场波动加剧以及债务风险上升等方面。首先，货币政策的正常化推行会直接影响到居民和企业。欧洲央行若退出负利率并进行加息操作，将导致居民的借贷成本上升，从而加重他们的生活负担，进而抑制消费需求。这种消费需求的下降，进而可能导致企业库存过剩，进一步恶化企业的业绩。另外，随着利率的上升，企业的融资成本也会增加，进而对其投资决策产生负面影响，可能会减少其对房地产等领域的投资。

其次，货币政策正常化可能对房地产市场和企业的投资需求产生影响。随着利率的上升，房地产市场的融资成本也将增加，居民和企业的还贷压力将增大，从而对整个房地产市场产生负面影响。另外，企业投资也可能受到影响，因为供给端的成本上升与需求端的消费下降将导致企业对投资的积极性下降，从而对实体经济的发展带来不利影响。

第三，欧洲央行的加息操作有助于吸引更多的资本流入欧元区，从而推动欧元的升值。在美国和欧洲等发达经济体货币政策分化的背景下，美元可能表现强势，而欧元则处于相对弱势的地位。通过加息操作，欧洲央行有望吸引更多的资本从新兴市场流入欧元区国家，从而提升欧元的价值，维持其相对稳定的水平。

与此同时，全球范围内的货币政策错位也会给其他国家带来挑战，其中包括中国。面对海外的高通胀、流动性紧缩以及经济增速放缓等问题，中国的经济金融体系将承受更大的压力。

（四）新时期欧洲央行货币政策展望

2024 年 6 月 6 日，欧洲央行把三大关键利率均下调 25 个基点，为 2023 年 10 月停止加息以来首次降息。2024 年 9 月 12 日，欧洲央行公布利率决定，下调存款机制利率 25 个基点至 3.50%；下调再融资利率 60 个基点至 3.65%；下调边际贷款利率 60 个基点至 3.90%。这是欧洲央行今年以来的第二次降息，进一步推动了全球宽松周期。历史上欧洲央行货币政策周期大都落后于美联储，而6月欧洲央行降息已经"抢跑"美联储，9月的降息又赶在了美联储议息会议召开的前几天。随着美联储降息靴子落地，欧洲央行可能在年内继续降息1—2次。

第三章 其他发达经济体货币政策框架

全球主要发达经济体货币政策在互联网泡沫破裂、全球金融危机等一系列事件的冲击下逐渐走向完善，2008 年全球金融危机所引发的金融市场混乱严重影响了常规货币政策的传导机制，此后非常规货币政策在主要发达经济体也得到了较为普遍的应用。本章重点选择英国、日本、韩国、加拿大、澳大利亚等代表性发达经济体，通过研究其货币政策演变，从而为中国乃至全球货币政策框架完善提供重要借鉴。

一、英国货币政策框架

（一）应对 2008 年全球金融危机期间的货币政策框架

1.资产购买机制

英格兰银行在应对金融危机和经济增长停滞方面采取了一系列积极的货币政策举措。2009 年 1 月 19 日，英格兰银行宣布推出资产购买机制（Asset Purchase Facility，APF），将其作为非常规货币政策工具。这项政策类似于美联储的量化宽松货币政策，旨在通过向市场注入流动性来降低长期利率，刺激经济增长。

随后，英格兰银行于 2009 年 3 月 5 日正式启动了资产购买机制，并在 2009 年 5 月 7 日将购买规模扩大至 1250 亿英镑，总额达 2000 亿英镑。这一举措主要包括购买中长期国债、商业票据和优质公司债券。据英格兰银行测算，这轮资产购买将使利率下调 1.5% 至 3%，国内生产总值增加 0.75%，通货膨胀率上浮 0.3% 至 0.6%。初始阶段，英格兰银行主要通过出售短期国债来融资，但随着购买规模的逐渐扩大，银行不断扩大其资产负债表规模，到 2009 年 11 月为止，资产规模已扩大至金融危机前的 3 倍。

然而，2011 年，英国经济增长再次陷入停滞，第二季度国内生产总值仅增长 0.1%，尽管通货膨胀已经达到 4.5%，远高于英格兰银行设定的 2% 目标。面对经济下行压力，英格兰银行于 2011 年 10 月启动了第二轮资产购买机制，并将购买目标提高至 2750 亿英镑。随后，在 2012 年 2 月和 7 月，银行又相继将购买目标进一步提升至 3250 亿英镑和 3750 亿英镑，以应对经济增长不足的挑战。

2016 年 6 月 23 日，英国公民通过公投决定脱离欧盟，导致英国金融市场出现剧烈波动。为增强投资者信心，英格兰银行于 2016 年 8 月 4 日将英格兰银行基准利率（BOEBR）下调至 0.25%，同时将资产购买目标进一步上调至 4450 亿英镑，其中 4350 亿英镑用于购买英国政府债券。这一系列措施旨在稳定金融市场，并为英国经济带来更多的流动性和支持。

英格兰银行通过实施资产购买机制等一系列货币政策举措，积极应对金融危机和经济增长停滞所带来的挑战。这些措施不仅有助于降低长期利率、刺激经济增长，还能控制通货膨胀率，并在特定时期稳定金融市场。然而，这些政策也面临着一定的挑战和风险，如可能导致通货膨胀加剧或金融市场过度依赖货币政策等问题。

2. 融资换贷款计划和期限资助计划

英国银行体系在资产购买机制推出之后拥有了比较充足的流动性，但由于借款人缺少高质量的抵押品，商业银行向家庭和企业提供的信贷支持依然有限。为了解决这一问题，2012年7月13日，英格兰银行和英国财政部联合推出了融资换贷款（Funding for Lending Scheme，FLS）计划。该计划是一项结构性货币政策工具，旨在通过提供低利率的贷款来激励商业银行向家庭和企业提供更多贷款。根据 FLS 的安排，商业银行可以从英格兰银行借入英国国债，并将其作为货币市场的抵押品。为了鼓励商业银行发放更多贷款，FLS 将借出英国国债的利率与商业银行向家庭和非金融企业提供贷款的数量挂钩：发放贷款更多的商业银行将可以在 FLS 中享受到更低的利率。

FLS 计划的推出有效扩大了商业银行向非金融部门提供贷款的数量。由于取得了显著成效，该计划多次扩大规模。2012年，FLS 仅向英国银行机构提供了 200 亿英镑的英国国债，但到 2015 年第四季度，发放规模已扩大到 700 亿英镑，占到了英国银行业向非金融机构贷款总额的 5.5%。

然而，随着英国决定退出欧盟，英国经济面临新的挑战。为了进一步支持金融市场和经济的稳定，英格兰银行于 2016 年 8 月 4 日推出了期限资助计划（Term Funding Scheme，TFS）。TFS 与 FLS 相似，旨在鼓励银行机构向非金融部门提供更多贷款。不同之处在于，TFS 中，英格兰银行直接向商业银行借出资金，而不是像 FLS 中那样提供国债作为抵押品。利率同样随着商业银行向非金融部门发放贷款数量的提高而降低。

截至 2017 年 1 月，TFS 向英国银行机构发放的贷款已超过
1000 亿英镑，超过了 FLS 的金额峰值。TFS 以及同时期的新一轮资产
购买机制共使英格兰银行资产负债表规模扩大了 47.5%，从 2016 年
6 月的 4000 亿英镑膨胀至 2018 年 8 月的 5900 亿英镑。

英国银行体系在资产购买机制和融资换贷款计划的支持下，取得
了一定程度上的流动性和贷款支持的提升。这些政策举措在一定程度
上促进了商业银行向非金融部门提供贷款的增加，有助于支持英国经
济的发展和稳定。

（二）应对新冠疫情期间的货币政策框架

在全球范围内，新冠疫情的暴发引发了一场前所未有的健康危
机，其波及影响远不止医疗领域，也深刻地影响了各国的经济。英国
作为世界经济体系中的重要一员，也遭受了严重的冲击。2020 年 3 月
26 日，英格兰银行货币政策委员会在其货币政策报告中指出，新冠疫
情的传播及由此引发的防控措施将对英国经济活动造成长期严重破坏，
导致企业倒闭数量和失业率的急剧上升。这一警告凸显了疫情对经济
的严重威胁，迫使政府和金融机构采取行动应对。

面对新冠疫情带来的挑战，英格兰银行采取了一系列紧急措施。
首先是在 2020 年 3 月 11 日，英格兰银行宣布将基准利率下调 50 个基
点至 0.25%，这是自全球金融危机以来的首次紧急降息，也将基准利
率降至英国历史最低水平之一。此外，英格兰银行还通过扩大资产购
买机制，主要用于购买疫情防控期间英国政府发行的债券，以增加市
场流动性，刺激经济活动。这些措施旨在缓解疫情对经济的冲击，稳
定金融市场，并为经济复苏创造条件。

然而，随着时间的推移，新冠疫情的影响逐渐显现，英国经济面临更大的挑战。2021 年 11 月，英格兰银行货币政策委员会在其货币政策报告中预计，全球经济和英国经济将在短期内从疫情的影响中复苏。然而，英国消费价格指数的上升给经济复苏带来了新的挑战。随着能源成本的上涨和市场需求的复苏，英国的消费价格指数同比增长 5.4%，达到了过去 30 年的最高水平。这一数据显示了通货膨胀的风险，迫使英格兰银行开始逐步缩减经济刺激政策的规模，以避免通货膨胀的进一步加剧。

英格兰银行通过多次加息和停止再投资资产购买机制持有的到期资产等措施，试图遏制通货膨胀的风险。2021 年 12 月 16 日、2022 年 2 月 3 日和 2022 年 3 月 17 日，英格兰银行分别将基准利率从 0.1% 上调至 0.25%、0.5% 和 0.75%。此外，在 2022 年 2 月 3 日的货币政策报告中，英格兰银行还一致决定停止对持有的到期资产的再投资，并计划在 2023 年底前将已购买的公司债券全部卖出。这些举措显示了英格兰银行对通货膨胀风险的高度关注，并为控制通货膨胀采取了果断行动。

然而，全球局势的变化使得通货膨胀问题愈发严重。乌克兰危机及其引发的能源价格上涨使全球通货膨胀压力急剧升高。在这种情况下，英国的消费价格指数在 2022 年 3 月飙升至 7%，在 2022 年第四季度达到 13% 以上。面对巨大的通货膨胀压力，尽管英格兰银行预计英国经济将在 2022 年第四季度陷入衰退，但其仍开始不断收紧货币政策。2022 年 5 月 5 日，英格兰银行货币政策委员会不仅将基准利率再次上调至 1%，还在声明中暗示将在未来的几个月内进一步收紧当前的货币政策。最终，英格兰银行在 2022 年 9 月 22 日将基准利率提高至

2.25%，并宣布将对是否出售在资产购买机制中持有的英国国债进行投票。

截至 2022 年 9 月 22 日，英格兰银行通过资产购买机制持有价值 8570 亿英镑的债券，其中包括 8380 亿英镑的英国政府债券和 189 亿英镑的公司债券。这些数字反映了英格兰银行为应对新冠疫情带来的挑战所采取的行动，同时也显示了面对通货膨胀压力时的紧迫感和决心。尽管经历了一系列的经济波动和政策调整，但英国经济仍在艰难中逐渐恢复。

随着英国通胀增速从 2022 年的峰值 11% 回落至英国央行政策目标附近，2024 年 8 月 1 日，英国央行宣布，降息 25 个基点至 5.00%。

二、日本货币政策框架

（一）2008 年全球金融危机前的货币政策框架

在 1991 年，日本经历了一场经济的巨大挑战，房地产和股票市场的泡沫破裂导致了经济的迅速衰退。这场危机不仅使得日本经济受到了严重的冲击，还对全球经济产生了深远的影响。随着金融机构进行去杠杆化，日元升值和商品价格下跌相互促进，进一步导致了通货膨胀率的下降，加剧了经济的困境。而在 1997 年，亚洲金融危机的爆发更是加剧了日本经济的困境，大量金融机构倒闭，通货膨胀率于 1998 年开始出现负值，经济陷入了更深的泥潭之中。

为了刺激产出的复苏，日本银行（Bank of Japan，BOJ）采取了一系列措施。从 1990 年的 8% 逐步降低至 1999 年 2 月的 0% 水平的无担保隔夜拆借利率是其中的一项举措。然而，尽管实施了零利率政策（ZIRP），日本经济仍然停滞不前，并且面临着较大的通货紧缩的压力。随着常规货币政策失去操作空间，日本银行开始尝试使用新的政策工具，其中包括前瞻性指引，以引导公众对利率预期，并且成为世界上首个使用该政策工具的央行。

在1999年4月，日本银行公开承诺将无担保隔夜拆借利率保持在0%的水平，希望通过拉平收益率曲线、降低中长期利率来促进经济的复苏。然而，2000年8月，随着市场需求的缓解和日本经济开始出现复苏迹象，日本银行决定加息并终止零利率政策。然而，美国互联网泡沫的破裂导致了全球经济的收缩，日本经济增长速度再次放缓，迫使日本银行将无担保隔夜拆借利率重新下调至接近0%。由于短期利率已经触及零利率下界，现有的货币政策工具无法对经济实施进一步刺激。

2001年3月19日，日本银行将货币政策的操作目标由隔夜拆借利率调整为日本银行的经常账户未偿付余额，并将目标提高20%至5万亿日元，正式启动了量化宽松政策。日本银行承诺将在居民消费价格指数稳定在零以上之前持续实施量化宽松政策，并且将根据市场流动性需求的变化进一步调整央行经常账户余额的目标。与1999年实施的前瞻性指引相比，这次政策承诺具有更具体的经济条件，进一步提高了政策的可信度。

在量化宽松政策的实施过程中，日本银行通过购买日本长期政府债券（JGBs）和资产支持证券（ABS），扩大了央行准备金数量，并降低了长期资产收益率。2001年至2002年是日本经历此轮危机的最严重阶段，金融机构的倒闭数量和不良资产的处置数量均达到了峰值。

然而，量化宽松政策的实施在很大程度上缓解了人们对金融体系的担忧，并在避免经济进一步衰退方面发挥了重要作用。

最终，日本银行遵守承诺，将量化宽松货币政策保持到 2006 年 3 月日本居民价格指数稳定在 0 以上为止。在此期间，日本银行曾将经常账户余额目标从 2001 年 3 月的 5 万亿日元提高至 2004 年 1 月的 30 万亿至 35 万亿日元，占名义 GDP 的比重由 1% 扩大为 7%。随着通货紧缩压力的减弱，日本银行于 2006 年 3 月 9 日终止了量化宽松货币政策，并重新将隔夜拆借利率作为主要货币政策操作目标。随后，日本银行于 2006 年 7 月 14 日将无担保隔夜拆借利率上调至 0.25%，结束了持续五年之久的零利率政策。在 2008 年全球金融危机爆发前，日本经济曾有短暂复苏，但这场危机再次对日本经济产生了重大影响。

（二）应对 2008 年全球金融危机期间的货币政策框架

1. 信贷支持计划

在 2008 年全球金融危机爆发后，日本银行采取了一系列举措来支持经济复苏和促进增长。其中最显著的举措之一是实施了信贷支持计划（Loan Support Program，LSP），旨在通过向商业银行提供额外的资金和信贷支持，刺激实体经济的增长。这个计划包括了促增长融资便利（Growth-Supporting Funding Facility，GSFF）和刺激银行借贷便利（Stimulating Bank Lending Facility，SBLF）两个重要组成部分。

在 2010 年 5 月 21 日，日本银行推出了促增长融资便利，这是一项结构性货币政策工具，旨在改善信贷市场的紧缩状况。根据这项计划，日本银行将向商业银行提供总规模达 3 万亿日元的一年期低息贷款，利率仅为 0.1%。这些资金旨在支持高成长性实体经济行业，如环保、医疗和旅游业等，以推动经济增长。这一举措为日本经济注入了新的活力，并为企业提供了更多的融资渠道，有助于提高产出和就业。

随着时间的推移，日本银行进一步加大了促增长融资便利的规模和范围。在 2012 年 3 月，其将促增长融资便利的额度增加至 5.5 万亿日元，并将贷款期限延长至 2014 年 3 月。这一举措表明了日本银行对于促进经济增长和应对金融危机的决心，为经济提供了更为持久和稳定的支持。

另一个重要的举措是刺激银行借贷便利，这是日本银行在 2012 年 10 月推出的一项政策。参考欧洲央行的 LTRO（长期再融资操作）和英格兰银行的 FLS（融资楼市计划），该计划旨在通过向商业银行提供中长期贷款来刺激其向实体经济发放更多贷款。商业银行可以在提供担保的前提下，以无担保隔夜拆借利率（当时为 0.1%）从日本银行获取资金，并用于扩大向企业和家庭发放贷款的规模。这项政策为银行提供了更多的流动性支持，促进了信贷市场的流动和经济的增长。

为了进一步扩大银行的信贷规模，日本银行在 2014 年 2 月进一步扩大了促增长融资便利和刺激银行借贷便利的额度，并延长了期限。这一举措进一步巩固了日本银行对经济复苏和增长的承诺，为日本经济持续的稳定提供了坚实的基础。

到 2014 年 9 月 17 日，115 家日本的银行机构已利用刺激银行借贷便利余额达到了 15.9 万亿日元，显示出政策对于扩大银行信贷规模和推动经济增长的有效性，这些政策举措为日本经济的复苏和增长提供了强有力的支持。

2. 带有收益率曲线控制的量化宽松

自 2012 年 12 月 26 日安倍晋三当选日本首相以来，日本银行实施了一系列激进的经济刺激政策，旨在实现 2% 的通货膨胀率目标。2013 年 4 月 4 日，日本银行确定了质量化宽松程度（QQ Targeting）作为货币政策的主要操作目标，并将质量化宽松（Quantitative and Qualitative Easing，QQE）作为主要货币政策工具。这标志着日本经济政策迈入了一个新阶段。

质量化宽松政策类似于美联储的政策，即通过购买一系列资产来扩大资产规模和释放流动性。具体而言，日本银行承诺每年至少购买价值 50 万亿日元的日本政府债券，以及少量其他中长期资产，如交易型开放式指数基金（ETF）、日本房地产投资信托基金（J-REIT）、商业票据和公司债券等，以扩大其资产负债表规模。这一政策措施旨在每月使日本银行的资产负债表扩大国内生产总值的 0.9% 左右，规模相对于美联储第三轮量化宽松更为庞大。

然而，到了 2016 年，日本的通货膨胀率依然较低，并出现了收益率曲线倒挂的现象，即 10 年期国债收益率一度下降至负值。这给日本金融机构的盈利能力带来了威胁。在这种背景下，2016 年 9 月 21 日，日本银行宣布了一项名为收益率曲线控制（Yield Curve Control，YCC）的新货币政策框架，以进一步应对经济挑战。

收益率曲线控制是一项重要的货币政策工具，旨在通过控制无担保隔夜拆借利率和 10 年期日本国债收益率来影响市场利率水平。具体而言，日本银行宣布将无担保隔夜拆借利率和 10 年期日本国债收益率目标分别确定为 –0.1% 和 0%，并承诺通过量化宽松的资产购买操作实现这些目标。这一政策框架的推出旨在进一步刺激经济，提高通货膨胀率，并促进金融市场的稳定。

2017 年以来，日本采取了一系列激进的货币政策措施，包括量化宽松和收益率曲线控制，以应对经济挑战并实现通货膨胀目标。这些政策的实施对日本经济产生了深远影响，同时也在全球范围内引起了广泛关注。然而，这些政策措施也面临着一些挑战和风险，如通货膨胀率持续低迷和金融市场不确定性。

3. 前瞻性指引

2018年7月31日，日本银行作出了一项重大决定，这标志着该国央行在2008年全球金融危机后首次采用了一种前瞻性指引的非常规货币政策工具。该工具的主要目的是引导公众对政策利率的预期，并且承诺将在较长一段时间内将利率维持在非常低的水平，以实现2%的通货膨胀目标。这一决定的背后是日本经济长期以来一直面临的通缩压力，以及长期低利率环境对经济增长和货币政策传导机制的挑战。

日本央行的前瞻性指引是其货币政策框架的一部分，旨在通过明确表达其货币政策的方向和目标，影响市场预期，从而影响长期利率和金融市场的运作。这种指引的引入被视为对传统货币政策工具的一种补充，因为日本央行已经将短期利率降至极低水平，并实施了量化宽松等措施，以刺激经济增长和通货膨胀。

然而，央行的前瞻性指引并非一成不变。自2018年7月以来，日本央行不定期地在货币政策会议公告中调整对前瞻性指引的表述，以适应经济形势的变化。这种调整可能受到内外部因素的影响，包括国内经济数据、全球经济走势、地缘政治紧张局势等。

2019年4月25日，日本央行再次在货币政策会议公告中做出重要声明，宣布将维持现有的极低短期和长期利率至少延续到2020年春季。这一决定的背景是日本经济面临的诸多不确定因素，包括全球贸易紧张局势加剧、国内消费疲软，以及全球经济增长放缓等。为了稳定市场预期并支持经济增长，日本央行决定延长低利率政策的维持时间。

不久之后的 2019 年 10 月 31 日，日本央行再次调整了前瞻性指引的表述。在这次调整中，央行表示将继续维持短期和长期利率在当前或更低水平，但删除了对低利率政策具体维持时间的表述。这一调整可能表明央行对经济前景的看法发生了变化，或者是对货币政策的灵活性和适应性的一种体现。

日本央行的这些举措和调整反映了其在制定货币政策时所面临的复杂挑战和权衡。一方面，央行需要应对日本长期以来的通缩压力，促进通货膨胀率达到目标水平，并支持经济增长和就业。另一方面，央行也必须考虑到全球经济环境的不确定性，以及国内金融市场和银行业的稳定。因此，央行在调整货币政策时需要权衡多种因素，包括通货膨胀预期、经济增长前景、金融市场稳定等。

（三）应对新冠疫情期间的货币政策框架

2020 年 3 月 16 日，日本银行应对新冠疫情的冲击，紧急推出了一系列刺激政策，旨在缓解实体经济所面临的流动性压力。其中最重要的举措之一是维持了量化宽松政策框架，这一框架在疫情暴发前已经实施，带有收益率曲线控制。具体来说，日本银行将短期利率和 10 年期国债收益率目标分别设定为 −0.1% 和 0。为了进一步支持经济，日本银行决定在 2020 年 9 月之前将量化宽松政策中日本银行持有商业票据和企业债券的上限临时提高至 3.2 万亿日元和 4.2 万亿日元，分别比原先的 2.2 万亿日元和 3.2 万亿日元提高了 1 万亿日元。此外，日本银行还将交易所交易基金和日本房地产投资信托基金的年度购买金额分别从 6 万亿日元和 900 亿日元加倍至 12 万亿日元和 1800 亿日元。

为了进一步应对实体经济面临的流动性挑战，日本银行于同一天推出了特殊资金支持操作，即"应对新冠疫情的特殊资金支持操作"，旨在促进企业融资。根据这一计划，日本银行将向符合条件的金融机构提供与其向中小企业发放的贷款量相符的零息贷款，截止日期最初为 2021 年 3 月 31 日，后延长至 2022 年 9 月。

2020 年 5 月 22 日，日本银行宣布实施无上限的量化宽松政策，以支持经济。具体来说，它取消了每年 80 亿日元的购买速度限制，并且不设定购买上限，根据实际需要购买日本政府债券。与此同时，日本银行还宣布在 2021 年 3 月底前将商业票据和企业债券的购买目标再临时提高 7.5 万亿日元，进一步增加了政策的松紧度。

随着时间的推移，2020 年 12 月 18 日，日本银行进一步扩大了其刺激政策的规模。它将商业票据和企业债券的临时购买额度扩大至 15 万亿日元，并将政策期限延长至 2022 年 3 月。这一决定旨在加强对利率预期的前瞻性指引，以确保经济保持稳定。此外，在 2020 年 6 月 16 日至 2022 年 10 月 28 日期间的每一次货币政策会议声明中，日本银行均强调将在必要时继续加大货币政策的宽松程度，并预计短期和长期利率都将保持在当前或更低水平。

然而，随着全球经济逐渐复苏，2021 年 12 月 17 日，日本银行认为日本金融状况已经得到改善，决定自 2022 年 4 月起将购买商业票据和企业债券的上限恢复至新冠疫情之前的水平。这意味着商业票据和企业债券的购买上限分别为 2 万亿日元和 3 万亿日元。

日本银行在应对新冠疫情期间采取了一系列积极的货币政策措施，

包括维持量化宽松政策框架、提供特殊资金支持、取消购买速度限制等，以促进经济稳定和实体经济的发展。

三、韩国货币政策框架

（一）2008 年全球金融危机前的货币政策框架

1. 20 世纪 60—70 年代

韩国的货币政策起源于 20 世纪 60 年代初的"金融稳定计划"，旨在应对急剧变化引起的通货膨胀问题。该计划设定了货币供应量（M1）的上限，以控制通货膨胀的严重影响。然而，随着时间的推移和经济形势的变化，韩国政府不得不调整其货币政策以适应新的挑战和需求。

1965 年，韩国面临着国际收支长期逆差的困境，为了应对这一挑战，韩国政府与国际货币基金组织签订了备用信贷协定。根据协定，韩国政府调整了货币政策的目标指标，不再仅限于 M1，而是包括央行的国内净资产、储备货币、金融国内信贷和净国内信贷等因素。这一调整旨在更全面地控制货币供应量，以应对国际经济环境的挑战。

韩国在这一时期主要实行了扩张性货币政策，即通过增加货币供应量来刺激经济增长。这种政策的主观原因是政府采取了"增长至上"的发展战略，希望通过经济增长来提高国家的整体实力和国际竞争力。而客观上，朝鲜战争后，韩国面临着巨大的重建压力，急需大量资金来推动国内经济的发展。因此，韩国政府不仅大量举借外债，还采取了多种措施来筹集资金，其中包括调整货币政策以支持经济增长。

20 世纪 70 年代初期，韩国政府实行的扩张性货币政策成为其经济发展的主要支柱，刺激了经济的高速增长。韩国央行在这一阶段采取了多项具体措施来支持扩张性货币政策的实施。首先，央行通过扩大货币供应量来刺激经济增长，M2 的年平均增长率高达 49%。其次，为了动员储蓄，央行调整了定期存款利率，并规定了商业银行的一般贷款利率，以确保企业能够获得相对较低的融资成本。此外，央行还通过降低再贴现和再贷款利率，向商业银行提供优惠资金，以支持其向实体经济提供融资。

然而，与扩张性货币政策相伴随的是一些挑战和问题。例如，央行提供的无限贷款可能导致直接贷款总量失控，进而对经济稳定造成威胁。为了解决这一问题，央行加强了再贴现管理和货币管理的职能，规定了商业票据的限额，并扩大了央行的权限。这些措施旨在确保货币政策的稳健性和可持续性，以应对经济发展过程中可能出现的风险和挑战。

在经济恢复时期，韩国的货币政策在促进经济增长、解决失业等方面取得了相对满意的效果。

2. 20 世纪 70—80 年代

在 20 世纪 70 年代末 80 年代初，韩国经历了一段严重的经济挑战时期，主要表现为通货膨胀问题的恶化和经济增长速度的明显下降。这一时期，韩国政府的高速发展政策和央行的扩张性货币政策相互作用，导致出现经济不稳定的局面。数据显示，从 1960 年到 1973 年，韩国的 GDP 年增长速度平均为 9.7%，而到了 1980 年代初，这一数字已经下降到了 5% 左右。同时，消费物价指数也出现了明显的上升趋势，从 1965 年到 1980 年，平均为 18.4%，而到了 1980 年，已经达到了惊人的 28.7%。

面对这一局面，韩国政府和央行采取了一系列紧缩货币和信贷政策，旨在控制通货膨胀、稳定物价，并且促进经济的持续健康发展。其中，1979 年至 1980 年期间，实施了紧缩信贷规模的措施，通过大幅减少货币供应量、降低商业银行的信贷额度以及限制贷款上限等方式，有效地控制了资金的流动性，从而抑制了通货膨胀的继续恶化。此外，为稳定物价，央行还发行了"货币稳定债券"，通过吸收资金的方式来控制通货膨胀的进程。

在货币政策方面，韩国央行还开拓了一项新的工具——"稳定货币账户"，旨在平衡控制通货膨胀、稳定物价和促进经济发展的双重目标。这一措施规定，央行有权要求一般银行在其设定的账户中存入一定额度的资金，与存款准备金不同的是，这种账户享有利息，并且银行可以根据实际情况选择使用其中的资金。此外，20 世纪 70 年代初，韩国还实行了主办银行制度，要求企业申请贷款时必须向指定的主办银行申请，这一措施有助于更好地管控资金的流向和使用。

这些紧缩政策和措施的实施，迅速有效地控制了通货膨胀和失业率的上升势头。到了 1982 年，消费物价指数已经降至 7.2%，而 GDP 也出现了一定程度的回升。此后，为进一步刺激经济的发展，韩国央行逐步放松了信贷政策，保持了货币供应的适度增长，并取消了对商业银行的优惠利率，以避免利率倒挂现象的发生。在此过程中，货币政策的目标也由 M1 转向了 M2，这一转变是为了更好地维护货币总量与通货膨胀之间的关系，以应对日益复杂的经济形势。

需要指出的是，在整个货币政策的实施过程中，韩国政府和央行一直将控制通货膨胀、稳定物价和促进经济发展作为首要任务，货币政策目标制度也一直延续到了 20 世纪 90 年代中期。这种持续的政策措施，使得韩国的经济得以逐步稳定，并最终走上了可持续发展的轨道。与此同时，韩国的国际收支状况也逐渐好转，这为韩国经济的长期健康发展奠定了坚实的基础。

3. 20 世纪 80 年代中期至 90 年代

在韩国经济发展的历程中，20 世纪 80 年代中期至 90 年代被标记为重要的转型时期，特别是在货币政策领域。这段时期的关键点和结论揭示了韩国政府在货币政策方面的演变和调整，以适应国内外经济环境的变化，并推动经济体系向更加自由化、市场化和国际化的方向发展。

首先，值得关注的是 20 世纪 80 年代中期，韩国央行开始实行较为温和的货币政策。这一政策强调市场调节，减少了直接干预，同时引入了多样化的货币政策工具。这一举措标志着韩国对货币政策框架的调整，以更好地适应当时的经济发展需要。

其次，韩国在货币政策方面进行了一系列改革，包括改善信贷管理方式和实行投资自主政策。这些改革措施旨在提高金融体系的效率和灵活性，推动资金更加有效地流向实体经济领域，从而促进经济增长和结构调整。

随着 20 世纪 90 年代的到来，韩国进入了整体经济调整和金融改革时期。在这一时期，韩国逐步实现了金融自由化、市场化和国际化，为经济的持续增长奠定了基础。

正是在这一时期，韩国经历了 1997 年的亚洲金融危机，这一事件对韩国经济产生了深远影响。货币危机的爆发迫使韩国转型为一个完全融入世界金融市场的小型开放经济体，同时也暴露了其在货币政策方面的一些薄弱环节。作为对亚洲金融危机的应对，韩国政府调整了货币政策框架，将通货膨胀作为主要的货币政策目标，并逐步完善了相关政策工具和指标体系。

从货币政策的操作机制来看，韩国在 1997 年后实施了利率导向的操作机制，将政策利率设为活期利率，并于 2008 年改为基础利率。这一举措旨在通过调整利率水平来影响市场利率和资金供求，从而实现货币政策的预期目标。此外，韩国还不断完善货币政策指标体系，从 1999 年起，开始使用 M3 和通货膨胀作为双重目标指标，并逐步将通货膨胀设定为主要的货币政策目标。

韩国在 20 世纪 80 年代中期至 90 年代经历了一系列货币政策的调整和改革，以适应经济发展的需要和国际经济环境的变化。尽管在这一过程中经历了亚洲金融危机等挑战，但韩国政府通过不断调整和完善货币政策框架，有效地应对了挑战，并推动了经济的持续增长和结构调整。

（二）应对 2008 年全球金融危机期间的货币政策框架

1. 对韩国经济的影响

2007 年美国次贷危机的爆发，席卷全球，演变成了 2008 年的全球金融危机。韩国，作为一个全球化程度较高的经济体，未能幸免于此次危机的影响。2006 至 2007 年间，韩国社会对股票市场投资热情高涨，在金融危机的影响下，韩国股票市场也受到了动荡的影响。此外，房地产市场也陷入了停滞，导致了韩国家庭及企业经济的萎缩。企业的业绩下滑进一步拖累了股票市场，形成了一系列恶性循环。

在这场危机的冲击下，韩国经济陷入了低迷状态。韩元的币值下跌，持续处于疲软状态，企业出口减少，生存状况变得严峻。韩国再度成为债务国，破产企业数量急剧增加，达到了 2005 年以来的最高纪录，这进一步引发了失业问题。经济危机酝酿的不安定因素也进一步演变成了社会危机。内需不足，制造业和服务业仅有小幅增长，物价与房地产价格均有所上涨。当国际金融危机的冲击来袭时，韩国证券交易所因股市的暴跌而启动了暂停交易程序。实体经济也受到了严重冲击，生产状况陷入了低迷。韩国的主要产业，如造船业和汽车业，订单急剧下降，出口大幅减少。一些观察家将韩国的境况描述为金融过度开放，以及一直重点扶植大财团和大企业，使得风险过于集中的结果。

与 1997 年的亚洲金融危机相比，2008 年的全球金融危机对韩国的影响相对较为缓和。尽管两次危机的背景和内外经济条件有所不同，但一些现象是相似的。比如，出口和实体经济的萎缩，韩元贬值，利率上升以及股市下跌等。然而，与 1997 年相比，韩国经过了十年的结构调整和改革，企业的稳健性得到了改善。虽然短期外债有所增加，但外债偿还能力得到了极大增强，外汇储备也有所累积提升。

因此，尽管 2008 年的全球金融危机给韩国经济带来了严重的冲击，但相较于之前的危机，韩国的抗风险能力有所提升，结构调整和改革的成果在此次危机中得以体现。然而，韩国也意识到，金融过度开放和风险过于集中的问题仍然存在。

2. 应对货币政策框架

在 2008 年全球金融危机爆发之际，韩国经历了一场严峻的考验。评论指出，当时韩国政府在应对危机方面表现犹豫不决，应对措施缺乏果断性，政府各部门之间的协调不够默契，财政支持力度不足，减税规模不够大，导致韩国经济无法与全球经济增长同步。然而，这种观点并不全面，国际社会对韩国政府在危机期间的表现持肯定态度。

首先，韩国央行在危机爆发后采取了一系列宽松的金融政策。这包括多次降低利率，从 2008 年 8 月 7 日的 5.25% 逐步下调至 2009 年 2 月 12 日的 2%，以刺激经济活动。此外，韩国政府允许 12 家证券公司进行回购协议证券交易，通过提供资金流动性来缓解金融市场的紧张局势。同时，为帮助银行增强放贷能力，韩国央行还支付了大约 5000 亿韩元的存款准备金利息，以缓解资金短缺问题。另外，韩国央行与美国联邦储备体系、日本银行和中国人民银行签署了货币互换协议，共计 300 亿美元，以提高美元的流动性。这些措施有助于缓解韩国经济面临的挑战，维护金融市场的稳定。

其次，回顾 1997 年亚洲金融危机，韩国曾面临严峻的经济挑战。当时，韩国经济主要依赖出口导向型模式，遭受了严重的冲击。然而，韩国政府在危机中采取了积极的应对措施，包括向国际货币基金组织（IMF）寻求援助，并实施了一系列经济改革措施。尽管 IMF 的援助条件严苛，但韩国政府还是成功地渡过了这一危机，展现出了其应对挑战的决心和能力。

另外，值得注意的是，韩国在危机中也面临着一些结构性问题。特别是韩国企业的财团结构存在缺陷，缺乏透明度和有效的治理机制，这在危机爆发时凸显出来。IMF 的援助政策主要针对这些结构性问题，力图改善韩国金融市场的稳定性和企业的治理机制。然而，由于结构性调整需要时间，IMF 的政策并没有立即见效，反而加剧了韩国经济的痛苦。

面对这些挑战，韩国政府采取了一系列应对措施。首先，韩国政府利用 IMF 的援助资金缓解了外汇危机，同时实施了积极的财政金融政策，以刺激经济增长。其次，政府采取了改革措施，包括制定和修改相关法律，推动金融和企业的改革。这些努力最终帮助韩国渡过了危机，为经济的长期发展奠定了基础。

尽管韩国在 2008 年全球金融危机中面临着严峻的挑战，但其政府通过采取一系列积极的应对措施，成功地缓解了危机带来的冲击，维护了金融市场的稳定，促进了经济的恢复和发展。同时，回顾 1997 年亚洲金融危机，韩国政府在当时也展现出了坚定的决心和能力，成功应对了危机带来的挑战，为今后的经济发展积累了宝贵的经验教训。

在韩国经济发展史上，第二阶段增长的关键点在于基础结构的重组和监管的加强。在接下来的十多年里，韩国政府着重于基础结构的调整和重建，并加强了对经济的管理和监管。这一阶段的重点是为了使经济更具竞争力和抵御外部冲击的能力。因此，当 2008 年全球经济危机来袭时，韩国政府展现了其典型的管理危机技巧，采取了一系列措施来刺激经济需求、增加流动性，并保持金融市场的稳定。政府采取了主动的储备管理措施，包括与其他国家的央行进行互换安排，并启用其他安全网，以确保经济的稳定。

从 1997 年和 2008 年两次金融危机中韩国所实施的宏观政策来看，可以明显看出两者之间的不同。在 1997 年的危机中，韩国政府几乎没有自主选择，而是被动地遵循 IMF 的贷款条件，实施了紧缩的货币和财政政策。这导致了经济的急剧萎缩和金融市场的动荡，以及对 IMF 多次修改协议和修正紧缩政策的需求。然而，在 2008 年的危机中，韩国政府采取了更加自主和灵活的政策，以应对危机带来的挑战。这种政策的转变表明了韩国在危机管理方面的成熟和进步。

2008 年后，韩国经济的基础条件已经有所改善。政府采取了一系列措施来摆脱对国际金融机构的依赖，包括与外国央行进行货币互换、扩充银行资本金、改革财税政策等。这些措施的实施使得韩国能够更好地应对危机，并保持经济的稳定。同时，政府还致力于改善经济结构，为经济的持续增长和发展创造良好的环境。

（三）应对新冠疫情期间的货币政策框架

在 2020 年，新冠疫情的暴发给韩国经济带来了巨大冲击。为了应对这一挑战，韩国政府采取了一系列积极的货币政策措施。这些措施包括降低关键利率、提供无限量的资金通过逆回购操作、扩大公开市场操作的合格抵押品范围等。其中，关键利率在 2020 年 3 月 16 日和 5 月 28 日分别下调了 50 个基点和 25 个基点，至 0.75% 和 0.50%。此外，韩国政府还购买了大量的韩国政府债券，以稳定金融市场并提供流动性支持。

这些积极的货币政策措施在一定程度上缓解了新冠疫情对经济的冲击，促进了经济的复苏。然而，随着经济逐渐复苏，韩国央行意识到需要逐步退出宽松货币政策，以避免可能导致的通货膨胀和金融稳定风险。因此，在 2021 年 8 月 26 日，韩国央行宣布将基准利率上调 25 个基点至 0.75%，这是自 2018 年以来韩国央行首次加息。这一举措标志着韩国成为新冠疫情暴发以来第一个加息的亚洲主要经济体。

这次加息决定的背后是一系列经济现象和挑战的反映。随着经济的逐渐复苏，消费需求开始反弹，通货膨胀压力逐渐增加。为了防止发达经济体货币政策收紧的外溢效应，不少新兴市场央行开始采取加息措施。在韩国，家庭部门的举债行为也开始增加，2021 年第二季度家庭信贷总额创下新高，房贷增长明显。尽管低利率政策在一定程度上刺激了经济复苏，但也加剧了家庭部门的债务负担，进而导致了房价的不断上涨。

与此同时，韩国央行也开始担心通胀率的持续上升可能带来的金融风险。尽管新冠疫情对经济造成的冲击正在逐渐减弱，但债务增长的速度却并未放缓。这使得韩国央行意识到，防范金融风险的重要性远远超过了简单地支持经济增长。因此，韩国央行决定将货币政策的重点从支持经济转向遏制债务驱动的资产泡沫。

韩国政府在面对新冠疫情带来的经济挑战时采取了积极的货币政策措施。这些措施在一定程度上促进了经济的复苏，但也带来了一系列新的挑战，如通货膨胀压力的增加和家庭部门债务负担的加重。因此，韩国央行决定有序退出宽松货币政策，并采取相应的措施来防范金融风险，以确保经济的稳定和可持续发展。

四、加拿大货币政策框架

金融危机后，随着全球金融市场运行逐步恢复正常化，加拿大央行于2013—2015年对其货币政策操作框架进行了全面评估。评估发现，尽管近二十年以来加拿大货币政策操作框架整体有效，但部分货币政策工具亟待改革以适应市场环境新变化。为此，加拿大央行于2015年10月推出一系列改革措施以更好地实现货币政策和金融稳定目标。改革后的操作实践表明，以上改革措施有助于改善加拿大货币政策调控效果。

（一）改革前加拿大央行货币政策操作框架

在 1992 年至 1994 年期间，加拿大央行（BOC）经历了一系列重要的货币政策调整。这一时期内，央行采取了一系列举措，包括逐步降低法定准备金率，并将部分准备金制度转变为零准备金制度。这一举措的背后是为了调整货币市场的流动性，以便更好地实施货币政策。在这一过程中，央行逐步放弃了对传统准备金制度的依赖，转而引入了更为灵活的政策工具。

1994 年 6 月，加拿大央行引入了隔夜利率目标，开始对隔夜市场利率进行调控。隔夜利率目标成为央行新的政策利率，标志着央行货币政策框架的重大转变。随后，在 1999 年 2 月，随着大额支付系统（LVTS）的引入，加拿大央行进一步调整了货币政策框架，为隔夜市场利率调控奠定了更加坚实的基础。2001 年 5 月，加拿大央行正式宣布以隔夜利率目标作为新的政策利率，进一步强调了对隔夜市场的关注和调控。

在构建隔夜利率调控框架方面，加拿大央行采取了一系列措施。其中，最为重要的是利率走廊的设立。利率走廊由政策利率和利率上下限构成，央行的隔夜利率目标位于利率走廊的中心位置。这一对称式的利率走廊调控模式为央行提供了更为灵活的货币政策工具，并有效地维护了货币市场的稳定性。

央行还设计了常备流动性便利和隔夜存款利率等工具，以鼓励银行通过市场交易管理流动性，避免对央行的过度依赖。这一举措不仅提高了金融机构的运营效率，还有助于更好地调节货币市场的供求关系。

在货币市场利率方面，加拿大央行主要关注隔夜回购市场利率。央行通过监控隔夜货币市场融资利率和加拿大隔夜回购平均利率等指标，及时调整政策利率，以维持货币市场利率的稳定。长期以来，央行致力于维持 50 个基点的对称式窄走廊，以保持货币市场的稳定性和流动性。

然而，全球金融危机给加拿大货币政策带来了新的挑战。面对银行体系流动性过剩的情况，央行曾短期转向下廊系统，将政策利率目标设定在利率下限的水平。尽管如此，隔夜利率始终稳定在政策利率附近，并未出现大幅波动。央行通过推出隔夜常备回购便利等措施，有效加固了利率上限，维护了利率走廊的稳定性。

加拿大央行在过去的几十年里不断完善和调整货币政策框架，致力于维护货币市场的稳定性和流动性。随着隔夜利率调控框架的建立和完善，加拿大货币政策在全球范围内备受认可，并成为窄走廊模式最具代表性的国家之一。

清算账户余额目标在加拿大央行的利率调控体系中扮演着关键的角色。这一制度旨在帮助央行更好地实现其利率调控目标，减少由于时间性差异和流动性预测失误等问题所导致的支付摩擦。在加拿大央行的利率走廊机制设计理论中，最初将银行体系的清算账户余额设定为零，但随着实践的推进，发现保持日末清算账户余额的"小额正盈余"更为有效。这种调整不仅降低了银行预期不确定性，还减少了日末结算摩擦及交易成本，避免了银行频繁地向央行申请小额贷款。因此，加拿大央行在 2001 年 4 月 2 日将每日清算账户最低余额目标从零提高到 5000 万加元，以帮助银行适应新系统，进而达到改善利率调控的目的。

随着时间的推移，加拿大央行逐渐将调整清算账户余额目标作为修正隔夜市场利率与政策利率之间偏离的重要手段。当观测到隔夜市场利率长期高于政策利率时，央行会提高清算账户余额目标，以降低市场摩擦，鼓励市场参与者以更贴近政策利率的价格交易。反之，当观测到隔夜市场利率长期低于政策利率时，央行则会降低清算账户余额目标，以调整市场利率。这种灵活的调整机制有助于央行更好地掌控货币政策，促进经济稳定增长。

此外，加拿大央行还通过公开市场操作来缓解市场摩擦，尽量最小化自身操作对市场的影响。公开市场操作主要用于应对意外的支付体系摩擦带来的利率异常波动。加拿大央行每天根据银行间市场隔夜利率水平和交易情况决定是否与一级交易商开展隔夜公开市场操作。若交易日内隔夜市场交易利率偏离目标，且判断这一偏差是由银行体系流动性因素而非个别机构流动性余缺导致时，央行才会出手进行干预，并分别运用特殊买入和再出售协议、卖出和再购回协议来投放、回收银行体系日内流动性。操作时间通常在工作日中午 11：45 至 12：00 之间，目的是鼓励金融机构首先通过市场交易调剂头寸。

为了确保公开市场操作对日末银行体系流动性的影响是中性的，加拿大央行在确定操作量时十分谨慎。这样的做法有助于减少金融机构对利率工具的依赖，维护金融市场的稳定运行。

清算账户余额目标及其调整机制、公开市场操作等工具构成了加拿大央行货币政策工具箱的重要组成部分。通过这些工具的合理运用，央行能够更好地实现货币政策目标，促进金融市场的稳定和经济的可持续增长。

（二）货币政策操作框架评估中发现的主要问题

在适应全球金融危机以来的市场环境变化，并从 2008—2010 年期间实施的非常货币政策中总结经验教训的背景下，加拿大央行于 2013 年开始对其操作框架进行了全面评估。这一评估旨在考察货币政策工具在实现隔夜利率目标和促进加拿大金融市场有效运行方面的效果。经过评估，央行主要总结了两个方面的问题，需要在今后的政策调整中加以关注和解决。

首先，加拿大央行买断操作规模过大，这一现象导致政府债券在二级市场上供不应求，从而影响了政府债券的流动性和市场功能。具体而言，加拿大央行在过去的操作中，通过定期在一级市场上买断国库券和国债的方式投放流动性，以满足基础货币需求。然而，随着现金需求的持续增长和央行资产负债表的持续扩张，央行对冲操作严重影响了二级市场流通政府债券的存量和流动性。这不仅不利于市场功能的正常发挥，也妨碍了货币政策信号的顺利传导。此外，在严格的监管环境下，银行对高等级抵押品的需求更加旺盛，这也导致了抵押品市场上政府债券供不应求的情况日益严重。

其次，一级交易商参与公开市场操作的积极性下降，这削弱了公开市场回购操作在利率调控方面的有效性。在加拿大央行的公开市场操作中，一级交易商从央行获取流动性后，在市场上向资金短缺的机构融出，从而实现了流动性的再分配。然而，自全球金融危机以来，一级交易商的积极性明显下降，他们更倾向于满足自身的流动性需求，而不愿意参与流动性再分配。这主要是由于加拿大央行规定了 SRA（Securities Repurchase Agreement）或 SPRA（Specific Purpose Repo

Operations）操作参与者每次操作的规模上限，导致了一级交易商主动参与公开市场操作的积极性下降。另外，严格的监管环境下，金融机构的风险偏好也普遍降低，使其更为谨慎地进行融出行为。

加拿大央行在评估货币政策调控框架后，主要面临着买断操作规模过大和一级交易商参与度下降的问题。为了应对这些挑战，央行需要调整其操作策略，以确保政府债券的充分流通，并激励一级交易商积极参与公开市场操作，从而维护金融市场的稳定性，保障货币政策的有效实施。这一过程需要央行与金融市场各方充分沟通合作，共同应对市场的挑战和风险，促进金融体系的健康发展。

（三）2015 年货币政策操作框架改革后的货币政策框架

加拿大央行自 2015 年 10 月 1 日起对其货币政策操作框架进行了改革，主要目的在于确保整体框架的有效性。这一改革并非全面颠覆，而是有针对性地对部分工具进行了调整以解决现行问题。首先，央行引入了常规定期回购工具，并对债券借贷操作的触发利率进行了调整。这一举措旨在维护金融市场的良好运行，同时为央行提供更为灵活的操作手段。新引入的定期回购工具采用了竞争性招标方式，期限通常为一至三个月。通过这一工具，央行可以更为直接地管理定期融资市场的流动性状况，从而促进非隔夜回购市场的发展。此外，定期回购工具的引入也有助于减轻央行在一级市场购买政府债券的压力，增加基准债券的流动性，维护其在固定收益市场上的定价基准地位。

与此同时，加拿大央行还对债券借贷操作的触发利率进行了修改，以鼓励市场参与者积极融出优质抵押品。根据修改后的规定，触发利率将根据隔夜利率目标的不同情形而定。当隔夜利率目标等于或低于

1% 时，触发利率将降低至隔夜利率目标减 50 个基点；当隔夜利率目标高于 1% 且低于 4% 时，触发利率为隔夜利率目标的 50%；而当隔夜利率目标高于 4% 时，触发利率将降低至隔夜利率目标减 200 个基点。这一举措旨在通过调整利率水平来引导市场行为，从而维持货币市场的流动性稳定。

其次，为加强对隔夜利率的调控，加拿大央行对公开市场操作工具进行了全面改革。具体而言，央行推出了隔夜回购（OR）和隔夜逆回购（ORR）工具，分别取代了之前的 SPRA 和 SRA 工具。这一改革旨在提高对流动性的更为精准的调控能力。隔夜回购工具可用于从一级交易商处购买国债，向银行体系注入流动性；而隔夜逆回购工具则可用于回收流动性。相比之前的工具，OR 和 ORR 采用了竞争性招标方式，并提高了单家机构参与招标量上限和招标总量上限。这一举措使央行能够更为灵活地进行操作，并将资金更为精准地投放至最需要的机构，从而更好地实现货币政策目标。

加拿大央行对其货币政策操作框架进行了有针对性的调整，以确保整体框架的有效性。通过引入新的定期回购工具和调整债券借贷操作的触发利率，央行旨在维护金融市场的稳定运行，同时提高对流动性的精准调控能力。随着隔夜回购和隔夜逆回购工具的推出，央行将能够更为灵活地应对市场变化，并更好地实现货币政策目标。

（四）新货币政策操作框架的实施效果

1. 加拿大政府债券二级市场流动性显著改善

在引入定期回购后，加拿大央行国债买断规模明显下降，这一举措对盘活国债二级市场流动性、确保市场定价功能正常发挥产生了显著影响。这项改革在过去两年的实施中呈现出一系列积极的趋势和成果。首先，从债券供给的角度来看，加拿大央行在国债一级市场拍卖中的占比从20%下降至14%，同时增加了约120亿加元的二级市场国债供给量。这一变化意味着央行不再过度参与一级市场，而是更多地通过二级市场向市场提供国债，从而更好地促进了市场的流动性和健康发展。

其次，从债券交易量的角度来看，国债交易量在全市场交易量中的占比上升至75%至80%，比2015年10月之前增加了34%。这表明了市场参与者更多地将交易焦点转移到了国债市场，二级市场的交易活跃度显著提升。这种转变不仅反映了市场对国债流动性的需求，也反映了市场对国债作为一种安全避险资产的认可度增加。

第三，从抵押券是否能按时交付的角度来看，国债抵押品不足导致的月均结算失败次数下降了43%。这一数据反映了市场中抵押品的充足程度得到了改善，市场的交易结算效率也相应提升。这对于维护市场稳定和信心具有重要意义，有助于减少市场波动性和风险。

此外，加拿大央行开展债券借贷操作的频率也显著下降，从每年上百次降低至每年十次左右甚至更低。这说明市场机构更愿意在市场上融出优质抵押品，而不再依赖央行的借贷支持。这种市场机构对优质抵押品的信心增强，反映了市场的健康发展和市场参与者对市场自身稳定性的信心。

加拿大央行引入定期回购后的国债买断规模明显下降，对于盘活国债二级市场流动性、确保市场定价功能正常发挥具有积极作用。改革推出两年间，国债供给量增加、交易活跃度提升、结算效率改善以及市场对优质抵押品的信心增强，这些都是改革成果的体现。这一系列变化不仅有助于加拿大国债市场的健康发展，也为整个金融市场的稳定和流动性提供了有力支持。

2. 开展常规定期回购操作一定程度上有利于促进定期融资市场发展

在积极的视角下审视一级交易商的定期回购操作，我们发现了一系列关键点和结论，从而对市场走势和参与者行为有更深入的了解。

首先，一级交易商对于常规定期回购表现出高涨的热情和强劲的需求。每次操作中参与投标的机构数目较多，而投标倍数通常在 2 左右。更值得注意的是，中标利率往往比最低投标利率高出 3 至 4 个基点，这反映出一定的竞争和市场供需动态。

其次，一级交易商的定期回购操作抵押品主要以地方政府债券为主，约占 85%，剩余的 15% 大部分也是政府担保的债券。这种抵押品构成的组合显示了一定的风险分散和保守投资策略，同时也反映了政府信用的影响力。

进一步观察加拿大定期回购市场的活跃程度，我们注意到地方政府债券交易活动近两年来明显变得更加活跃，这可能与定期回购引起的抵押品需求有关。这一现象暗示了市场上资金流动和投资方向的变化，也可能反映了地方政府债券的吸引力增加。

然而，我们也必须意识到，加拿大央行定期回购操作规模在市场上占比较低。此外，市场和监管因素的变化也会影响交易者对央行定期回购操作的参与热情。具体而言，随着央行步入加息周期，市场参与者不愿意在央行政策利率固定公告日附近开展定期回购锁定成本。市场参与者倾向于从多种渠道获得定期资金，以降低融资成本，并且流动性监管要求趋严迫使市场参与者寻求比定期回购更长期的资金。

根据 CDS 数据，推出常规定期回购操作后，市场短期内定期回购交易量明显增加，但随后不久交易量又下降至该工具推出之前的水平。这种短期内的交易量波动可能是市场对新政策的快速反应，但随后的下降表明了市场在适应新政策后的重新平衡过程。

一级交易商的定期回购操作在市场中发挥着重要作用，展现出高涨的热情和强劲的需求。但是，市场参与者的行为受到多种因素的影响，包括央行政策、市场预期和监管要求等。对这些因素的深入理解有助于我们更好地解读市场走势和参与者行为，从而更有效地进行投资和风险管理。

3. 隔夜回购操作规模、操作次数有所增加，利率调控效果和银行体系流动性管理透明度有所改善

在竞争性招标方式下，一级交易商面临资金短缺时倾向于采取激进的高价投标，这导致了 56% 的 OR 操作利率高于隔夜利率目标。这一现象的背后是为了提高资金分配效率和针对性，同时降低了央行一天内开展多轮操作的必要性。换言之，一级交易商在竞争激烈的环境下更愿意以较高的价格来获得所需的资金，从而减少了央行干预市场的频率，也更有利于央行有效管理市场流动性。

随着新的招标上限推出，各家一级交易商的招标上限增幅从 100% 到 450% 不等，平均增幅为 150%。这一变化导致了一级交易商参与公开市场操作的招标量占其每日资金需求的比例提高到 36% 左右。相应地，加拿大央行平均每次流动性投放操作的规模也从 9.9 亿加元增加至 14 亿加元，平均每次操作中标的一级交易商数目从 4 个增加到 6 个。同时，OR 操作发生日的银行清算账户实际余额也平均增加了约 2 亿加元。这一系列变化表明，新的招标上限政策在促进一级交易商参与市场操作，增加操作规模以及提高市场流动性方面发挥了积极作用。

央行网站公布操作结果时以现金价值取代抵押券票面价值，这一举措提高了银行体系清算账户余额的透明度。这意味着 LVTS（Large Value Transfer System）参与者能够更高效准确地评估操作对于日末轧平头寸的潜在影响，从而更有效地管理自身流动性。透明度的提高对于银行体系的稳健运行至关重要，因为它能够降低市场的不确定性，增强市场参与者的信心，并有助于更好地应对潜在的流动性挑战。

最后，对市场交易报告系统（MTRS2.0）中所有场外市场数据的实证研究表明，每次 OR 操作之后，以加拿大国债作为抵押品的隔夜回购加权平均交易利率显著下降并向政策利率目标靠拢。这意味着新的操作工具在加强利率调控方面是有效的。通过央行的操作，加拿大政府债券作为抵押品的隔夜回购市场得到了积极的调节，从而使市场利率更加稳定，并更好地与央行的政策目标保持一致。

竞争性招标方式下一级交易商的行为模式、新的招标上限政策的影响、透明度提高对银行体系的影响以及操作工具的有效性都表明，加拿大央行在管理市场流动性和利率调控方面采取了一系列有针对性的政策和举措。这些措施有助于维护金融市场的稳定，促进经济的健康发展。

（五）应对新冠疫情期间的货币政策框架

1. 对加拿大经济的主要影响

在过去几年里，全球范围内的新冠疫情对各个国家的经济造成了巨大的冲击，加拿大也不例外。首先，让我们来看看疫情对企业经营的影响。加拿大的服务业产值占其经济总量的比重约为 71%，而服务业就业人数占总劳动人口比重约为 80%。这使得服务行业成为加拿大经济的支柱之一。然而，由于疫情暴发导致的营业中断和消费急剧减少，大部分服务行业企业的经营现金流和营收都急剧下降。与此同时，货物生产行业企业也受到了员工工时缩短、产能下降和需求减少等负面因素的影响，使得整个经济受到了严重影响。

其次，新冠疫情对就业市场的影响也是显而易见的。由于经营活动的停滞，一些企业不得不采取裁员等方式来削减运营成本。据统计，2020 年 3 月份和 4 月份，加拿大的就业人数分别减少了约 100 万人和 200 万人，合计占总就业人口的约 15.71%。失业率也由 2 月份的 5.6% 上升至 4 月份的 13%。与此同时，约 250 万人处于临时停工状态或工作时长较平常缩短一半以上。总体来说，受到疫情影响的就业人数合计超过 550 万人，占总就业人口的约 28.80%。另外，约 45% 的受访企业表示已经采取了裁员措施，并且裁员比例超过 80%。这些数据显示出疫情对加拿大就业市场造成的严重冲击。

最后，新冠疫情对加拿大支柱产业油气行业的影响也不容忽视。油气等能源类产品对加拿大的出口和贸易顺差贡献巨大，而全球疫情暴发以来，这一产业也受到了严重的影响。主要原因包括新冠疫情全球蔓延、主要国家经济萎缩和需求下降，以及 OPEC 与俄罗斯减产协议谈判破裂等因素。这些因素导致了国际油价的崩塌式下跌，进而对加拿大的出口和油气行业企业经营造成了明显的负面冲击。这一情况进一步加剧了加拿大经济的困境。

从企业经营到就业市场再到支柱产业，都受到了不同程度的冲击。面对这一挑战，加拿大政府采取了一系列的政策措施来缓解疫情对经济的影响。

2.应对货币政策框架

2020 年 2 月下旬，全球范围内新冠疫情暴发，引发了一场前所未有的危机。这场危机不仅影响了人们的健康和生活方式，也对全球经济造成了严重冲击。加拿大作为一个高度开放的经济体，在这场危机中也未能幸免于难，面临着疫情带来的多重挑战。

首先，全球金融市场陷入了混乱和不确定性之中。股市、债市和外汇市场纷纷受到重创，投资者信心受挫，市场恐慌情绪弥漫。在此背景下，加拿大金融市场也受到了极大的冲击，股票指数暴跌，债券收益率波动剧烈，汇率波动频繁，市场波动性达到了极高水平。此外，2020 年 3 月初，油价暴跌更是给市场雪上加霜，加剧了投资者的恐慌情绪，使市场动荡不安。

其次，加拿大政府和各级政府采取了一系列严格的隔离和封锁措施，以控制病毒传播。这些措施对经济活动造成了严重影响，企业面临生产停滞、销售下降的困境，个人失业率急剧上升，家庭消费受到抑制。特别是对于服务业和旅游业等人力密集型行业，疫情带来的冲击更为严重，不少企业面临破产倒闭的风险。

再者，国际油价暴跌对加拿大经济造成了双重打击。作为一个主要的石油出口国，加拿大的经济发展在很大程度上依赖于石油产业。油价暴跌导致石油行业陷入困境，投资大幅减少，就业岗位减少，政府税收减少，进而影响了整个经济体系的稳定运行。

为了缓解新冠疫情和市场动荡对经济造成的影响，加拿大央行采取了一系列积极的货币政策措施。央行在疫情暴发初期，迅速降低了基准利率，将其调降至历史新低，并实施了量化宽松政策，大规模购债以提供流动性支持，稳定金融市场。此外，央行还与政府合作，推出了一系列财政刺激措施，支持企业和个人应对疫情冲击，维持经济的基本稳定。

在经历了几年的挣扎和调整之后，到了 2022 年，加拿大经济逐渐迎来了复苏的曙光。首先，全球经济的逐步复苏为加拿大出口市场提供了有利条件，特别是大宗商品价格的上涨为加拿大带来了新的发展机遇。其次，作为北美洲的一个国家，加拿大受到国际政治局势的影响较小，货币政策可以更加聚焦于国内经济的发展和稳定。最后，2022 年 1 月加拿大 CPI 同比增速达到了 5.1%，创下了 30 年来的最高水平，这意味着通货膨胀压力正在加剧，加拿大央行或将不得不采取行动来稳定物价水平。

在这样的背景下，特别是在美联储 2022 年 3 月加息的背景下，加拿大央行于 2022 年 3 月至 2023 年 7 月，共计加息 10 次，将基准利率上调至 5%。

2024 年以来，加拿大核心通胀指标有所放缓，连续三个月通胀指标显示下行势头仍在继续，但经济增长仍不达预期。6 月，加拿大央行宣布将政策利率下调 25 个基点至 4.75%，成为 GT 集团中首个在本轮抗通胀后放松货币政策的央行。随后，加拿大央行分别于 8 月、9 月连续降息至 4.25%，以防范经济过于疲软和通胀下降过度风险。

五、澳大利亚货币政策框架

（一）通货膨胀目标制的货币政策框架

澳大利亚央行——联邦储备银行于 1993 年 4 月宣布实施通货膨

胀目标制，这一决定并非偶然，而是基于对国内外背景的深刻总结和长期摸索的结果。国际上，自 20 世纪 80 年代起，在全球化和金融自由化的影响下，以货币供应量作为货币政策中介目标的框架逐渐被抛弃。与此同时，通货膨胀目标制在西方发达国家如英国、加拿大等逐渐受到追捧，成为当今世界较为流行的货币政策目标规则。而在国内方面，澳大利亚经济从 20 世纪 80 年代开始就逐渐适应通货膨胀目标制的需要。首先，澳大利亚通货膨胀率在启用通货膨胀目标制前夕已经有所下降，平均值在 1991 年后回落到 2.7%，这为通货膨胀目标制提供了一定的空间。其次，澳大利亚经济增长缓慢，失业率较高，需要更为行之有效的货币政策来应对这些挑战。在 1980 年至 1993 年间，澳大利亚平均 GDP 增速仅为 2.8%，同时失业率攀升至 7.89%。此外，随着经济全球化步伐的加快，澳大利亚对外贸易也迅速增长，进出口总额在 1993 年已高达 600 亿澳元及 594 亿澳元，占 GDP 的 14.8% 和 14.7%。

1993 年澳大利亚央行实施的通货膨胀目标制的货币政策具有三项主要内容：首先，央行设定明确的通货膨胀控制目标，并及时向公众公布。其次，公布的通货膨胀目标被视为央行货币政策的最优先工作内容和重点。第三，央行对通货膨胀目标的变更情况、实施情况以及工具运用等负有严格的信息披露职责，以提升央行的透明度和货币政策的信用度。

通货膨胀目标制的货币政策具有几个显著特点：首先，与货币政策的法定制定程序相同，央行和联邦政府共同制定通货膨胀目标，并需得到央行行长和财政部长的联合确认和签订协议。其次，通货膨胀目标的平均值定位在 2% 到 3% 之间，允许短期波动超出这一范围，为灵活的货币政策操作提供了空间。第三，货币政策的实施工具主要是通过调整现金利率来影响整体经济环境，如利率传导会对储蓄、投资、消费、信贷和资产价格等方面产生影响。此外，通货膨胀目标所采用的通货膨胀指标是央行通用的 CPI 指数除去蔬菜、水果、按揭利息及其他价格波动较大商品的价格。最后，央行的通货膨胀目标公开制度对其货币政策的独立性和透明度方面具有积极影响。

自 1993 年澳大利亚央行实施通货膨胀目标制以来，通过对比实施前后的宏观经济环境，整体通货膨胀率大幅下降，失业率有所下降，经济增长也显著上升。虽然也受到 20 世纪 90 年代全球经济利好的影响，但通货膨胀目标制的货币政策框架对整体经济和金融发展的正面作用是不容置疑的。该政策框架通过设定明确的目标、强调透明度和信息披露，提高了央行的货币政策信用度，同时也为经济的稳定增长提供了更为有效的支持和指导。

（二）着眼于安全与服务的双峰金融监管体系

金融监管的重要性在于维护金融体系的稳定性和保护消费者的权益。1995 年，英国经济学家泰勒提出了双峰理论（Twin Peaks），强调了这两大目标。该理论认为，金融监管应该分为两个主要方向：一是审慎监管，主要关注监管和处罚可能危害金融体系安全的金融机构；二是行为监管，重点是保护投资于金融机构或金融产品的消费者的权益。

澳大利亚是一个典型的实施双峰监管模式的国家。在澳大利亚，金融监管由两个主要机构负责，分别是澳大利亚审慎监管署（APRA）和澳大利亚证券及投资委员会（ASIC）。APRA 负责审慎监管银行、保险公司、注册养老金机构和其他信贷机构等实体机构，以确保金融体系的稳定性。而 ASIC 则主要负责监管市场投资行为，保护金融消费者的权益。

澳大利亚政府在 2011 年强调了双峰监管的优势。首先，双峰监管模式使监管机构能够明确地根据目标来设置。审慎监管机构专注于维护金融体系的稳定性，而行为监管机构则专注于保护金融消费者的权益。这种分工明确、各司其职的安排有效地缓解了金融稳健和消费者保护之间的监管目标的矛盾。

其次，双峰监管模式使得两个监管机构能够独立地雇佣其领域的专业人士。APRA 主要雇佣经济学和金融行业的专业人士，以便更好地履行其审慎监管职责。而 ASIC 则主要雇用了熟悉监管实施的专业人士，以确保行为监管的有效实施。这种分工不仅使得监管机构能够更好地履行其职责，还有助于提高监管效率和质量。

澳大利亚的双峰监管模式在金融监管领域取得了显著的成就。通过明确的目标设置和独立的人员雇佣，澳大利亚能够有效地平衡金融稳健和消费者保护之间的监管目标，从而提高了金融体系的稳定性，保护了消费者的权益。这一经验对其他国家的金融监管实践具有借鉴意义，有助于推动全球金融监管体系的进一步完善和发展。

（三）应对 2008 年金融危机的货币政策框架

澳大利亚自 1973 年起实施了一系列金融改革，这标志着该国金融体系的重大转型。这一年，澳大利亚取消了对银行大额存款的利率管制，意味着银行开始在存款利率上具有更大的自主权，这一举措为后续的金融市场自由化奠定了基础。随后，澳大利亚政府相继于 1979 年和 1982 年取消了短期和长期国债利率的政府定价，转而采用市场招标方式确定利率，这一举措进一步加速了金融市场的市场化进程。

1983 年，澳大利亚迈出了放开外汇管制的重要一步，允许澳元自由兑换，并将汇率纳入自由浮动机制，为国际资本的自由流动奠定了基础。同年，证券市场也经历了重要改革，将百年来固定的经纪佣金率改革为协议佣金制度，进一步增强了市场的竞争性和效率性。1985 年，澳大利亚完全取消了金融机构存贷款利率的限制，同时放开了金融机构混业经营的限制，使得金融市场更加开放和竞争激烈。此外，澳大利亚还对外开放了国内金融市场，允许包括中国银行在内的 16 家海外银行进入该国运营，这一举措进一步促进了金融业的国际化和多元化。

然而，金融市场的自由化也带来了一定的挑战和风险。2008 年，全球性金融危机席卷全球，虽然澳大利亚相比美国和欧洲等国受到的影响较为有限，但仍然对其金融体系造成了一定冲击。面对这一挑战，澳大利亚政府采取了一系列及时有效的金融改革措施，以应对危机带来的影响。

首先，澳大利亚政府吸取了美国金融监管中存在的交叉权限和真空管理等教训，发布了《国家信贷守则》，规定所有涉及消费者信贷产品和服务的监管都统一到澳大利亚证券及投资委员会的联邦层面，避免了地方监督漏洞，加强了金融市场的监管和稳定性。其次，政府于 2009 年修改了《公司法》，主要将以房产作抵押获得贷款的规定，进一步加强了金融市场的风险管理和稳定性。

在货币政策方面，澳大利亚联邦储备银行采取了一系列措施来缓解金融危机对经济的影响。2008 年 9 月，澳大利亚联邦储备银行认为金融危机属于输入型危机，遂降低了 25 个基点的现金利率以应对危机。随后，在接下来的一年中，联邦储备银行连续五次降息至 3%，幅度高达 425 个基点，创造了近 50 年来的最低水平。这一系列降息举措有助于稳定信贷市场，刺激经济增长，并在一定程度上缓解了金融危机对经济的冲击。

然而，随着全球经济的逐渐复苏和欧债危机的持续蔓延，澳大利亚于 2011 年 11 月再次进入降息周期，截至 2013 年 8 月，已经进行了 8 次降息，使得利率降至 2.5% 的低位。这表明澳大利亚政府依然面临着来自外部环境的不确定性和挑战，需要采取进一步的政策措施来应对。

澳大利亚通过逐步放开金融市场管制、采取及时的金融改革措施，并在金融危机期间实施灵活的货币政策，成功应对了挑战，维护了金融稳定和经济增长。然而，面对日益复杂多变的国际金融环境，澳大利亚政府仍然需要保持警惕，采取有效措施来确保金融体系的稳健和可持续发展。

（四）应对新冠疫情期间的货币政策框架

在 2020 年年初，新冠疫情迅速蔓延至全球，对国际社会的公共健康和经济活动构成了前所未有的挑战。为缓解疫情对经济的冲击，全球各国央行采取了一系列非常规的货币政策措施。在这一背景下，澳大利亚联邦储备银行（以下简称澳联储）也采取了积极行动，自 2020 年 3 月起两次将现金利率下调至 0.25%，并在 2020 年 11 月 3 日将其进一步降至 0.1%，创下历史新低。

这一系列降息举措，目的在于确保企业和家庭在经济不确定性加剧的背景下能够维持足够的现金流水平，以此来缓解新冠疫情对经济的负面影响。低利率政策通过减少借款成本，激励企业投资和消费者支出，从而支撑经济活动。同时，低利率也通过影响汇率，间接地帮助了澳大利亚境内与国际贸易密切相关的行业，提升了其出口竞争力。

然而，低利率政策并非没有副作用。最直接的负面影响之一是对那些依赖利息收入的实体，如储蓄者和某些金融机构，这些主体在低利率环境下的收益会大幅减少。此外，持续的低利率可能会在经济中积累风险，如资产价格泡沫和过度负债，这些风险在长期可能会对经济稳定构成威胁。

澳大利亚的货币政策主要由澳联储负责制定和执行。通过设定隔夜贷款利率，澳联储能够影响经济中的其他利率，包括银行贷款利率和储蓄利率，从而影响贷款者和借款人的行为。这些行为的变化最终会影响到经济活动的水平，进而影响通货膨胀率。澳联储的目标是通过这一系列的操作，确保通货膨胀率处于其设定的目标区间内，以此来维护经济的长期健康和稳定。

然而，随着新冠疫情的逐步控制和经济活动的恢复，澳大利亚开始面临新的挑战——通胀。自 2022 年 5 月以来，澳联储开始连续加息，目的是应对持续攀升的国内通胀水平。通胀的持续高热不退对经济构成了多方面的负面影响。首先，物价上涨导致居民的实际收入下降，这会抑制消费需求，进而导致经济增长率放缓。其次，物价上涨还会产生连带效应，比如可能导致房地产市场和股票市场的泡沫化现象，这些泡沫的破裂可能会严重影响到整个经济的正常运行。此外，高通胀还可能影响到生产供给，由于成本上升，企业可能减少生产，这进一步加剧了供需失衡。

　　面对这一系列挑战，澳联储通过持续加息来逐步实现货币政策的正常化，旨在抑制通胀压力，稳定经济预期。加息能够通过提高借贷成本，减少贷款和投资，从而减缓经济过热和通胀压力。然而，货币政策的调整需要时间才能在经济中产生效果，且存在一定的不确定性，这要求政策制定者在调整政策时保持谨慎和灵活。

　　总之，澳联储在新冠疫情期间和之后采取的一系列货币政策措施，旨在平衡疫情对经济的冲击与通胀上升带来的风险。通过低利率政策支撑经济，到随后逐步加息以控制通胀，澳联储的政策调整反映了对经济形势的应对和预期管理。

第四章　中国货币政策框架

与发达经济体相比，中国的货币政策调控框架一方面吸取了西方货币政策调控的基本理论框架，另一方面又充分考虑了中国发展中国家、经济转轨以及不断推进改革的基本国情，体现出更多的包容性和创新性，政策框架也在不断地探索中与时俱进。

一、中国货币政策发展改革回顾

（一）国民经济恢复期（1949—1952 年）

1948 年 12 月，华北人民政府开始发行中国人民银行钞票，作为华北、华东和西北三区统一流通的本位货币，同时规定了新旧货币的比价，逐渐收回各个根据地或解放区在土地革命、抗日战争和解放战争等不同历史时期发行的旧币，并对国民党政府发行的金圆券采取"排挤为主、收兑为辅、限期兑换"的方针。这一时期的货币创造机制较为简单，人民币现钞的发行流通和币值稳定主要依赖于新生政权的信用与权威，包括军事实力、保障物资供应和物价稳定的能力等多个方面；货币政策目标聚焦于防治通货膨胀和确保金融稳定，从而树立和维护全社会对人民币的信心，保障人民币发行和全国币值统一。1949 年 4 月到 1950 年 3 月，先后发生了四次以大城市为中心的物价上涨风潮。以"上海批发物价指数"为例，1950 年 3 月比 1948 年 12 月上涨了 42 倍。同时，金银、外币的黑市交易活跃，高利拆借等金融投机活动猖獗，严重影响人民币发行和币值稳定。防治通货膨胀、确保金融稳定、维护全社会对人民币的信心在当时不仅是货币金融政策的目标，也是整个财经工作全局的重要目标，这一时期初步形成了"三大平衡"的财经工作理念，即财政收支平衡、信贷收支平衡、物资供求平衡。

（二）计划经济时期（1953—1977 年）

1953 年以后，为迅速集中资源、恢复国民经济并稳定物价，中国学习借鉴苏联模式，实行计划经济体制，由政府负责直接指挥和调控整个经济的运行。在统一的计划体制下，财政是主渠道，"基本建设资金、国营企业自有资金和定额流动资金"的供应由财政承担，银行信贷政策居于从属地位，仅提供"企业临时性资金或超定额流动资金、集体所有制的生产流动资金、对农民的小额生活贷款"。中国人民银行作为财政部的下辖机构来配合政府，为其提供相应的资金支持，以此保证整个计划经济体系的正常运作。这一时期，中国人民银行奉行现金收支和信贷平衡的目标，组织和调节货币流通，以实现消费品领域的物价稳定。

（三）计划经济向市场经济转轨的过渡时期（1978—1992 年）

改革开放之后，伴随着计划管理体制向市场经济体制的转轨，原有计划体制下的货币金融政策框架也开始逐步调整，初步为日后社会主义市场经济环境下的货币政策框架塑造了雏形。转轨是改革开放之初计划与市场调节并存时期货币政策框架最为典型的特征。在货币政策的目标、执行方式以及传导机制等方面都发生了重大调整。关于货币政策的目标，维持宏观经济的稳定始终是中国货币政策的核心目标。在实践中，这一目标体现为通过调控货币供应量、控制通货膨胀水平、维护汇率稳定等手段，以确保经济运行在合理的范围内。

1983 年，国务院颁布新条文规定中国人民银行将于 1984 年 1 月 1 日开始专门行使央行职能，中国人民银行的独立性大大增强，货币政策也从"大一统"开始向市场化方向转变，计划与市场调节并存的时代背景下，维持物价稳定依然是中国人民银行的主要目标。在确定中国人民银行专门行使央行职能后，中国人民银行创立了央行贷款制度及存款保证金制度，并改革了利率体系，初步明确了人民银行利率管理的主体地位和管理范围。这一举措极大地增强了中国人民银行的独立性，为货币政策的制定和执行提供了更多的自主权。

1986 年，经济增长过热。为了控制通胀，1987 年，中国人民银行采取"紧中有活"的货币政策来缩紧银根，控制由于产业结构失衡引起的通胀。由于连续几年实行较为紧缩的货币政策，1990 年中国的金融市场出现疲软现象，中国人民银行又重新出台了较为宽松的货币政策。1992 年之后经济增长又开始过热，投资乱象频发，中国人民银行采取了"适度从紧"的货币政策。该时期中国的货币政策带有明显的相机抉择特征，中国人民银行通过现金发行和信贷规模管理对宏观经济进行直接调控，以应对经济增长过热和通货膨胀等问题。

（四）建立和完善社会主义市场经济体制时期（1993—2012年）

1993年，随着《关于建立社会主义市场经济体制改革若干问题的决定》等一系列文件的出台，中国人民银行金融调控的职责进一步强化，中国货币政策调控由直接调控向间接调控转型，确立了利率市场化改革的目标。在接下来的近20年里，中国通过推动资金批发市场、扩大贷款利率浮动范围等措施，逐步推进利率市场化改革，完善了基础利率形成机制，提升了基础利率信号的准确性，为最终放开存款利率市场化奠定了基础。其中，利率市场化改革的进行基本上按照先外币、后本币、先贷款后存款、先长期大额后短期小额的顺序有序开展。

1994年，中国人民银行向社会公布不同层次货币供应量的监测与控制目标，并根据货币政策最终目标及经济环境来确定货币供给量。

1996年，中国实现了人民币经常项目下的自由兑换，这标志着中国货币政策在外汇市场上迈出了重要一步。随后的十余年里，中国通过间接渠道不断深化了对人民币资本项目下的自由兑换工作。

1998年，中国人民银行着手推进准备金制度、基础利率、再贷款、再贴现、公开市场操作等货币政策工具的改革，使得货币政策具备更强的灵活性和有效性。准备金制度改革方面，中国人民银行合并了法定存款准备金账户和备付金账户，并在此基础上下调存款准备金至6%，随后又下调至5.22%。这一举措的实施完善了准备金账户功能，提高了商业银行资金利用率，有助于理顺商业银行与央行的资金关系，化解了商业银行"惜贷"问题，同时释放了流动性，促进了商业银行的信用扩张能力。

中国人民银行还恢复了公开市场操作，并取消信贷限额管理，逐步形成以公开市场操作和存款准备金为主的央行货币政策工具体系，两者灵活搭配，为金融机构提供稳定的流动性来源，熨平流动性的过大波动。至此，随着人民币公开市场操作的恢复和信贷限额管理的终止，中国的货币政策由直接调控向以数量为主的间接调控转型。

2001年，中国加入世贸组织（WTO），对外贸易迅猛增长，经济进入快速发展期，但也面临基础货币增长过快、流动性过剩的局面。2002年第一季度基础货币余额同比增长18.4%，明显高于13%的增长目标。而作为中国人民银行日常操作工具的公开市场操作却受制于其持有的债券资产。为实现对基础货币的有效灵活调控，中国人民银行于2002年9月将总计1937.5亿元的到期正回购转为央行票据，并于2003年4月，开始直接发行央行票据。中国人民银行发行央行票据的主要目的是回收因购买外汇储备而向市场投放的基础货币，实现对货币供应量的调控，这也是人民银行货币政策操作的现实选择。此外，央行票据的连续发行为货币市场提供了一个可参照的短期基准利率，避免了短期市场利率的大幅波动，为利率进一步市场化改革创造了有利条件。2007年1月，中国人民银行公布了上海银行间同业拆放利率（Shibor），这一举措推动了货币政策由数量调控向价格调控的转变。通过影响Shibor，央行能够更加灵活地运用价格手段调控市场利率，进而影响微观经济主体行为，实现对宏观经济的有效调控。这一举措的实施有助于中国人民银行更好地引导金融机构的行为，维护金融市场的稳定性。

同时，中国人民银行不断上调法定存款准备金率，试图限制商业银行的信贷扩张规模和速度。从2003年9月至2007年12月，中国人民银行先后15次调整法定存款准备金率，从6%上调至14.5%，以冲销外汇储备快速增加而多发的基础货币。然而，这种频繁的准备金率调整并没有完全达到预期的效果。

2005 年 7 月，中国实行人民币汇率制度重大改革。这次改革遵循了渐进、主动、可控的原则，推动了汇率制度向以市场供求为基础、参考一揽子货币的有管理的浮动汇率方向进行改革，意味着人民币汇率开始更加灵活地根据市场需求进行浮动，不再僵化于固定汇率之下。汇率制度的变化不仅影响着外部经济环境，同时也直接影响着中国国内的货币政策实施。长期以来，人民币的稳定汇率水平促进了中国对外经济的快速发展，但与此同时，外汇储备的急速增加以及长期稳定汇率变动的政策也引发了货币供应量增加，成为内部通货膨胀的主要诱因之一。

2008 年下半年，中国面临全球金融危机冲击，为了遏制经济的整体衰退，中国人民银行采取了一系列措施来稳定经济局势。其中最显著的措施之一是调整货币政策为适度宽松。这一调整导致了货币供应量的空前增加，以刺激经济增长并缓解金融市场的紧张局势。然而，增长过快的货币供应量也带来了国内物价上涨的压力，迫使中国人民银行在 2010 年后对货币供应量进行微调，以平衡经济增长和物价稳定之间的矛盾。这一时期，央行主要使用的货币政策工具包括法定存款准备金政策和利率工具。这些工具在内部均衡与外部均衡之间起着平衡作用，中国人民银行首先关注的是经济增长指标，然后才是汇率、物价等问题，以全力维护经济运行的稳定。尤其是在 2008 年，央行频繁调整法定存款准备金率，同时多次下调金融机构存贷款利率，以促进信贷扩张和经济复苏。同年 11 月，中国推出了进一步扩大内需、促进经济平稳较快增长的十项措施，被俗称为"四万亿计划"，其中第十项措施就是加大金融对经济增长的支持力度。

然而，随着经济逐渐触底回升，中国物价指数在 2010 年后也急剧上升。这迫使中国人民银行重新调整货币政策，以应对经济增长与物价稳定之间的矛盾。中国人民银行采取了一系列措施，包括 6 次上调准备金率和 2 次调高存贷款利率，以及对流通中的货币供应量进行微调，既防止了企稳的经济再次下滑，又抑制了物价的快速上涨。

此外，差别准备金率的应用也成为这一阶段货币政策调整的亮点。这表明中国人民银行开始根据各金融机构的差别因素进行准备金率调整，以及利用准备金政策对产业结构、区域经济结构进行调整的有益实践。

2011 年以后，中国货币政策着重在引导信贷资金流向上，主要对前期政策进行消化。在这一阶段，中国人民银行面临着一系列挑战，其中首要问题之一是如何调整货币供应量，以使其与经济增长实际相适应。同时，央行也需要调整资金投放的方向，以支持产业结构的转型和发展。2011 年，央行多次上调准备金率，最高达到了 21.5% 的水平，旨在锁定前期过度发放的货币。随后，央行逐步下调准备金率，这一过程是根据流动性的松紧程度进行调控的。此举旨在确保货币供应量与经济发展的实际需求相适应。

除了准备金政策外，中国人民银行还致力于推进金融体系和金融市场改革，以减少金融抑制因素对货币政策传导和经济发展的阻碍。这一举措旨在为经济转型提供稳定的货币环境，促进产业结构的调整和升级。

在调整货币政策的同时，中国人民银行还着眼于支持农村经济、中小微企业、边疆地区和旅游经济的发展。为了解决农村发展资金不足的问题，中国人民银行采取了一系列措施，包括引导金融机构将新增或盘活的信贷资源配置到农村领域。

2012 年，中国人民银行重新启动了逆回购操作，并相继推出了短期流动性调节工具（SLO）、常备借贷便利（SLF）、中期借贷便利（MLF）等一系列货币政策工具。这些工具的及时创设使中国人民银行可以更加灵活地调节市场流动性，从而更好地引导市场利率水平，增强了价格杠杆在资源配置中的作用。

（五）全面深化改革时期（2013—2019 年）

全球金融危机之后，世界经济形势发生了重大变化，中国经济在经历了"四万亿计划"政策刺激和短暂调整之后，开始由高速增长阶段转向中高速增长阶段，经济结构转型加快。同时，随着影子银行业务的兴起，货币层次的界限变得越来越模糊，这给货币政策的操作带来了一定的困难。在这种情况下，中国人民银行不得不重新考虑货币政策操作的目标选择。

2012 年 9 月，国务院审批通过了《金融业发展和改革"十二五"规划》，标志着中国金融领域迈向新的发展阶段。该规划明确了未来五年金融改革的路线图和重点任务，其中一个关键点是转变货币政策的调控方式，从以数量型为主向以价格型为主转型，以更好地发挥市场在金融资源配置中的作用。这一转变旨在通过市场机制来决定利率水平，强调了公开市场操作对引导货币市场利率的重要性。

2013—2014 年，党中央先后对宏观经济形势做出"三期叠加"和"新常态"的重大论断。经济形势的变化改变了货币政策的运行环境，也在客观上要求货币政策框架进行主动适应和转型调整。

利率方面，2013 年，中国人民银行全面放开了对贷款利率的管制，2015 年，取消了对存款利率的管制。这意味着中国利率市场化进程取得了重大进展，市场机制开始在利率形成中发挥更大的作用。利率的市场化有助于更准确地反映资金的市场供求情况，从而更有效地传导货币政策的利率变动。

汇率方面，汇率制度的改革是中国经济体制改革的重要组成部分，对于实现经济转型升级、保持经济持续健康发展具有重要意义。通过深化汇率制度改革，中国能够更好地适应全球经济格局的变化，提高经济抗风险能力，推动经济发展迈上新的台阶。2015 年 12 月，中国外汇交易中心发布了人民币汇率指数，并强调了对一篮子货币的参考力度。这一指数的发布标志着人民币汇率形成机制的进一步改革，形成了"收盘汇率"+"一篮子货币汇率变化"的汇率中间价形成机制。通过这一改革，人民币兑美元汇率更好地反映了外汇市场的供求情况，也进一步推动了汇率市场化的进程。

同时，国际金融危机让国际社会普遍意识到，金融与实体经济之间在"时间"和"空间"上存在复杂关联机制，这暴露了以维护价格稳定为主的传统货币政策存在的缺陷，同时将追求降低过度顺周期性和跨机构系统性风险的宏观审慎政策推向关注焦点，并由此形成共识，除货币政策外，中国人民银行还应将宏观审慎政策作为调控手段，从而实现其价格稳定和金融稳定的双重职能。中国人民银行自 2016 年起将差别准备金动态调整机制升级为宏观审慎评估体系（macro prudential assenment，MPA），从资本和杠杆、资产负债率、流动性、定价行为、资产质量、外债风险、信贷政策执行情况 7 大类指标对金融机构的行为进行多维度的引导。2017 年，党的十九大报告提出，健全货币政策和宏观审慎政策双支柱调控框架。2020 年,《中国人民银行法》从法规上明确了"货币政策目标 + 宏观审慎目标"的双支柱框架。

(六)2020 年至今

2020—2023 年,面对新冠疫情叠加需求收缩、供给冲击、预期转弱等挑战,中国人民银行做出诸多努力,在为经济稳定和发展提供良好货币金融环境的同时,也积极稳妥防范化解房地产、地方政府债务、中小金融机构等重点领域的金融风险。

首先,央行针对疫情不同阶段的特点精准施策,并未过度使用传统货币政策工具,先后围绕抗疫保供、复工复产、实体经济发展等推出了 3000 亿元疫情防控专项再贷款、5000 亿元复工复产再贷款再贴现、1 万亿元普惠性再贷款再贴现政策等。

其次,与主要发达经济体央行采用全面量化宽松应对疫情冲击的做法不同,在统筹疫情防控和经济社会发展过程中,中国人民银行始终注重围绕经济社会发展阶段性痛点、难点,分类施策、精准引导。2020 年,针对疫情暴发之际的市场恐慌,强化预期引导,综合使用多种货币政策工具提供充足流动性,在金融市场春节开市后提供了 1.7 万亿元的短期流动性,有效稳定了市场预期,维护了货币市场、债券市场利率平稳运行。针对抗疫保供阶段的资金需求和融资难题,强化窗口指导,加大逆周期调节力度,及时出台专项政策激励,引导金融机构加大对疫情防控工作的金融支持。针对疫情影响较深的中小微企业融资难这一痛点,与财税、监管政策协同发力,引导金融机构不盲目抽贷、断贷、压贷,对有还款困难的企业贷款予以展期或续贷,适当下调贷款利率，增加信用贷款和中长期贷款，降低担保和再担保费用。

最后，保持货币政策与宏观审慎相结合，维持稳增长与防风险的平衡。在应对本轮疫情冲击时，中国人民银行既注重实施货币政策逆周期发力、精准滴灌，促进实体经济加快恢复，又坚持使用宏观审慎政策跨周期调节，巩固经济增长的基础环境，切实防范化解各类风险。在房地产调控方面，坚持"房子是用来住的、不是用来炒的"定位和"不将房地产作为短期刺激经济的手段"要求，保持房地产金融政策连续性、一致性、稳定性。围绕"稳地价、稳房价、稳预期"目标，把握好房地产调控的"度"，促进房地产市场平稳健康发展。

随着中国经济从疫情中逐渐复苏，中国人民银行围绕推动经济持续回升向好目标继续发挥重要作用。《2024年第二季度中国货币政策执行报告》指出，中国人民银行将继续实施稳健的货币政策，注重平衡短期与长期、稳增长与防风险、内部均衡与外部均衡的关系。

2024年9月18日，美联储宣布降息50个基点，将联邦基金利率目标区间从5.25%—5.5%降至4.75%—5%。为加大货币政策逆周期调节力度，支持经济稳定增长，中国人民银行决定从9月27日起，公开市场7天期逆回购操作利率由此前的1.70%调整为1.50%，同时下调金融机构存款准备金率0.5个百分点（不含已执行5%存款准备金率的金融机构），本次下调后，金融机构加权平均存款准备金率约为6.6%。

二、中国货币政策框架特点

中国的货币政策体系大致经历了计划经济时期的货币政策体系、

计划经济向市场经济转轨过渡时期的货币政策体系、社会主义市场经济时期的货币政策体系和独特的"双支柱"货币政策体系。其中，中国将宏观审慎管理与货币政策相配合，提出建立双支柱架构，这在传统货币政策体系中是没有的，也没有其他国家的先例，货币政策体系进入了创新发展阶段。总体而言，中国货币政策框架的特点可以概括为以下四点。

（一）始终坚持稳健货币政策总体思路

在西方经济学概念中，货币政策只有"松"和"紧"两种说法，没有"稳健"的提法。然而，"松""紧"只是针对具体经济情势所选择的权宜之策，对构建具有中国特色的货币政策体系来说，更重要的是建立具有长期性、战略性的货币政策体系，"稳健"就是对中国货币政策体系和目标的一个客观描述和概括。

维护经济社会的稳步发展。货币政策对经济社会生活秩序的稳定和发展至关重要。从 1948 年 12 月第一套人民币发行开始，中国开始谋篇布局新的货币体系和货币管理，通过人民币与边币、旧币等的兑换，明令商品、工薪、信贷、投资等以人民币计价结算，集中外汇管理，打击金融投机，抑制通货膨胀，到 1950 年就基本实现了统一货币，确立了人民币的法律地位，稳住并理顺了生产、流通、分配和消费各环节的经济秩序。

保持货币政策自身的基本稳定。在西方货币政策理论中有着单一规则与相机抉择之争，但中国的货币政策并不以实现短期经济目标为取向，而是始终以推进国民经济稳步发展为根本追求。在计划经济时期，坚持了禁止财政向银行透支、严格控制货币投放和现金管理等原则；引入市场经济后，确立了保持币值稳定的最终目标；在后续改革过程中，建立了稳健的货币政策与宏观审慎政策双支柱调控框架。这在一定程度上为防止恶性通胀提供了支撑。

保持货币政策传导机制的顺畅。在西方经济学中，货币政策的传导渠道大致按照利率、资产、信贷、汇率等次序展开。中国从基本国情出发，主要以调控信贷规模为落实货币政策取向的传导机制，通过发挥银行信用创造货币的功能，摆脱了资金短缺的困扰，因此没有陷入"贫困恶性循环"，并在20世纪90年代中期以后，出现了资金相对盈余的现象。此后，随着资本市场的发展、利率和汇率市场化改革的展开，货币政策传导机制逐步向利率、资产和汇率等扩展。

稳慎扎实建立货币政策体系。货币政策体系由本位货币、最终目标、中间目标和调控机制等构成。在计划经济时期，中国虽然没有确立货币管理的最终目标和中间目标，但坚持推进"财政、信贷、外汇和物资"的四大平衡，以实现国民经济运行中各主要经济关系的平衡。引入市场经济后，中国人民银行确立了"保持币值稳定"的货币政策最终目标、以广义货币供应量（M2）增长率为主要中间目标、以新增贷款和存贷款利率为主要调控机制的货币政策体系。在后续改革过程中，中国人民银行以金融供给侧结构性改革为抓手，守住不发生系统性金融风险的底线，推进了结构性调控机制的建设。目前，中国货币政策体系框架坚实、内容丰富、操控成熟。

（二）始终坚持服务实体经济

在经济运行中，货币供给状况直接影响着各种价格的波动程度和趋势，影响着各类经济主体的行为和国民经济走势，鉴于此，货币政策调控的取向、松紧、力度和节奏至关重要。

稳步推进货币政策体系的改革。1978年改革开放大幕开启，此后的40多年中，货币政策体制机制转变主要涉及两个方面。一是逐步推进利率体系的改革。1996年6月以后的8年，按照"先外币后本币、先贷款后存款、先长期后短期、先大额后小额"的顺序，对118项本、外币利率进行了改革。2004年以后，又对存贷款利率上下浮动区间进行了改革，同时，积极推进市场利率的形成。2007年1月4日，上海银行间同业拆放利率（Shibor）投入运行；2019年8月20日，新的贷款市场报价利率（LPR）投入运作。二是稳步推进人民币汇率形成机制的改革。在探索时期，中国外汇实行高度集中管理。改革开放后，一度出现了汇率双轨制。1994年1月，中国实行人民币汇率的并轨，推出了有管理的浮动汇率制。2005年7月21日，以市场化形成机制为基点的汇率改革迈上新的征程。这些改革为货币政策调控机制从行政性调控转向市场化调控创造了条件。

稳步扩大金融对外开放。1950年，中国人民银行开始公布全国统一的人民币汇价。"一五"时期，中国的贸易外汇收入达到68亿美元。在探索时期，中国经济对外开放程度很低。实施改革开放以后，随着对外经济活动的扩大，货币政策中外汇管理、汇率体系和外汇市场的改革开放也提上了议事日程，尤其是2010年以后，随着人民币日益国际化，货币政策的对外开放进一步扩大。一是中国人民银行与他国央行之间的人民币互换扩面增量。到2018年，中国人民银行已与38个国家（或地区）签署了35000亿元左右的双边货币互换协议。二是人民币加入国际货币基金组织的特别提款权（SDR）范畴。2016年10月1日，人民币正式成为SDR的成分货币，为人民币国际化提供了良好契机。三是加大了金融市场的对外开放力度。2014 年 11 月以后，"沪港通""深港通""债券通"等的实施，拓展了人民币国际化的施展空间，增强了中国金融国际化的联系机制。

稳步有效协调国际收支。货币政策的调控机制由利率政策、汇率政策等构成。通过外汇管理和汇率市场操作，协调好人民币的对内价格和对外价格，推进国民经济的对内对外平衡，是货币政策的使命所在。在计划经济时期，实行了人民币、外汇和金银的进出国境管理制度，建立了国际清算机制，从而在 1952 年就扭转了旧中国外汇收支长期逆差的局面。引入市场经济后，中国人民银行持续推进了人民币汇率改革，建立了以市场供求为基础、参考一篮子货币进行调节、有管理的浮动汇率制度。目前，中国形成了一整套有效的外汇管理制度和机制，有效地促进了对外经济活动的发展，保持了人民币汇率在合理、均衡水平上的基本稳定。

（三）始终坚持有效防范化解金融风险

防风险是金融的永恒主题。金融是识别、评估、分散（或组合）和管理风险的一套机制，金融领域中的各种风险，既有来自实体经济部门转移的风险，也有来自金融机构经营运作中形成的风险。在市场经济中，微观风险通常由微观主体自己防范化解，但金融层面的微观风险有着溢出效应，不仅可能给相关客户带来经济利益的损失，而且可能扩展为区域性乃至系统性的金融或经济风险。中国在 20 世纪 90 年代中期就已将防范化解金融风险列为货币政策的一个主要取向，采取了一系列措施处置各类金融风险。

积极推进宏观审慎金融监管。2008 年美国金融危机以后，宏观审慎监管提到议事日程。为了守住不发生系统性金融风险，维护经济金融运行的稳定，中国积极推进宏观审慎监管体系的建设。2016 年，中国人民银行着手建立"宏观审慎评估体系"（即 MPA），将资本和杠杆率、资产负债、流动性、定价行为、资产质量、外债风险、信贷政策执行等 7 个方面的 14 个指标纳入评估范畴，为建立货币政策与宏观审慎政策双支柱调控框架创造了条件。

处置金融机构的不良资产。1999 年，从工、农、中、建四大行中剥离了 1.3 万亿元的不良资产；2004 年以后在这些银行的股份制改制过程中又剥离了 1 万多亿元的不良资产。此外，在信托投资公司、农村信用社及其他金融机构整顿中，央行运用再贷款机制，支持了对不良资产的处置。

适时整顿金融机构。1982 年以后，信托投资公司先后经历了 6 次大整顿，数量从 370 多家减少到 52 家；1993 年以后，证券公司先后经历了 3 次大整顿，基金业经历了 2 次大调整；1995 年以后，保险业先后经历了 2 次大调整。2016 年以后，对互联网金融（尤其是 P2P 平台等）展开了整治；2018 年又对资产管理（尤其是影子银行）的乱象进行了整顿。

及时平抑金融市场的异常波动。在拆借市场、期货市场、债券市场和股票市场等金融市场走势出现严重异常的情况下，中国人民银行等金融监管部门都会及时出手，防范异常波动的延续。2013 年 6 月 20 日，拆借市场的隔夜拆借利率突然飙升到 13.34%，中国人民银行等金融监管部门紧急出手，有效防范了银行间市场利率波动向债市和股市的蔓延。2015 年 7 月初，在 A 股市场出现大幅下跌走势的异常波动下，多个金融监管联手出台了"组合拳"措施，避免了股市波动转化为金融危机。

坚决打击违法违规金融活动。近年来，中国人民银行等金融监管部门采取果断举措，对各种非法集资、电信诈骗、内幕交易、操纵股价、老鼠仓等行为进行了坚决打击，同时，对金融机构的各种不规范经营运作及时予以纠正。

（四）始终坚持货币政策工具创新

在"双顺差"格局转变为国际收支基本平衡后，中国人民银行存在主动管理流动性的客观需求，因此突破了西方单一的或者少数的流动性管理工具的框架，创设了大量的补充性流动性管理工具，创新性地构建了结构性流动性短缺的货币政策调控模式；鉴于中国经济面临的问题既有总量问题，同时更多体现为结构性问题，因此需要货币政策发挥促进经济结构调整和优化升级的功能，需要货币政策精准发力、定向调控，因此中国人民银行创造性地推出了结构性货币政策工具，在经济下行时期强调更好发挥货币政策工具的总量和结构双重功能，这一创新在西方货币银行学和货币政策理论方面未曾有过。

有效对冲外汇占款。进入 21 世纪以后，中国的国际收支顺差明显扩大。国际收支顺差，必然引致大量外汇流入中国境内。按照西方经济学理论，为了应对持续流入的外汇，央行将被迫发行对应数额的人民币进行对冲，它将引致货币政策独立性丧失、经济过热和群体性事件频发三个负面效应的发生。但中国并没有按照西方理论的套路展开外汇对冲，而是根据国情，主要运用法定存款准备金率进行操作。

结构性精准施策。2015 年以后，在推进供给侧结构性改革的过程中，实体经济对货币金融的需求从总量转向了结构性，与此对应，货币政策的实施从"大水漫灌"向以针对性和灵活性为主的"精准滴灌"扩展。在此背景下，中国人民银行一方面加大公开市场操作业务的力度，有效保障经济金融运行中的流动性，推进市场利率形成机制的转换；另一方面，出台了常备借贷便利（SLF）、中期借贷便利（MLF）、信贷资产质押再贷款、抵押补充贷款（PSL）和短期流动性调节（SLO）等新型工具，中国人民银行"对其他存款性公司债权"从2014年年底的24985.27亿元增加到2019年7月的103111.63亿元。

三、影响中国货币政策有效性的因素

（一）多重指标影响货币政策有效性

中国的货币政策一直是维护经济稳定的重要工具。在过去几十年里，中国的经济发展取得了巨大成就，但同时也面临着诸多挑战和复杂情况。针对这些挑战，中国的货币政策旨在通过调整不同的指标来维持宏观经济的运行稳定。

经济增长和物价稳定是中国货币政策中最主要的两个指标。以1998年至2013年为例，中国的 GDP 增长了近 7.29 倍。中国经济的快速增长对货币供应量有着巨大的需求。在这期间，M0、M1 和 M2 等货币供应量也相应增长，以支持经济增长和稳定。然而，货币政策不仅仅是为了促进经济增长，还需要考虑到物价稳定、就业和国际收支平衡等多个因素。这期间，中国的货币政策经历了多次调整。从1998年到 2003 年，主要目标是应对通货紧缩，促进经济发展。随后，从2003 年到 2008 年，货币政策转为从紧，以控制物价上涨和社会投资过热。而在 2008 年至 2011 年，由于全球金融危机的影响，货币政策转为适度宽松，以促进经济增长和保持就业。随着时间的推移，中国货币政策的重点逐渐从单纯的经济增长转向了经济结构调整和稳健的货币政策。这些调整反映了中国经济发展不同阶段的需求和挑战，同时也表明了货币政策在多重目标之间寻找平衡的努力。

尽管中国货币政策在多重目标之间寻找平衡，但仍然面临着一些挑战和争议。为什么中国不放弃部分目标，转为单一目标制呢？这主要与中国货币政策在经济发展和市场化过程中发挥的重要作用有关。货币政策设定之初就考虑到了对部分目标的牺牲问题，因此货币政策的目标并不是简单地促进经济增长等四大目标，而是根据不同阶段的经济运行情况进行相机抉择。1997 年东南亚金融危机期间，中国人民银行的首要目标是应对通货紧缩，通过增加货币供应量促进投资和消费的增长。随后的调整也都是基于对当前经济形势的分析和预判，以支持经济运行的稳定。

在货币政策的实施过程中，主要目标往往是最终目的，但这也意味着其他目标可能会受到牺牲和损失。例如，在促进经济增长的过程中，可能会导致物价上涨或者国际收支不平衡。因此，货币政策的制定需要在各种因素之间寻找平衡，并在不同阶段进行调整，以实现整体经济的稳定和可持续发展。

（二）中介目标可控性不强影响有效性

在中国货币政策演变的历史长河中，早期的调控手段主要依赖于行政化手段，这一阶段主要是为了适应当时的计划经济体制。1998 年之前，中国的货币政策调控主要通过控制现金投放和信贷规模来实现。

这种做法符合当时计划经济的特点，但随着中国特色社会主义市场经济改革的推进以及金融体系的深化，货币政策的调控方式也随之发生了变化。

1996年，中国人民银行决定采用M1（流通中现金加活期存款）和M2（广义货币供应量，包括M1以及定期存款、储蓄存款等）作为中介目标，并于1998年正式取代了信贷规模指标。这一变化标志着中国货币政策调控的中介目标逐渐从简单的信贷规模转向了更加综合的货币供应量指标。这一变化反映了市场经济体制下货币政策调控的需要，也体现了中国金融体系改革的深入程度。

与此同时，由于在中国，主要的价格型工具如利率并未实现市场化，缺乏有效的传导渠道，因此数量型工具成了主要的调控手段。这意味着中国人民银行主要通过控制货币供应量来影响经济运行，而非通过调整利率等价格型工具。然而，这也带来了一个问题，即货币供应量的控制是否能够被中国人民银行有效实现，成为影响中国货币政策有效性的重要因素之一。

从1998年开始，货币政策中介目标的可控性问题就一直困扰着中国人民银行。以2007年为例，中国人民银行制定的M1和M2的增长率目标分别为15%和16%，但实际增长率分别达到了21.1%和16.7%，与目标值相比存在偏差。这表明中国人民银行对中介目标的调控能力有待加强。《中国金融年鉴》和中国人民银行网站的数据显示，中介目标的实际值从未与目标值一致。

外汇储备的逐年增加也对中国货币政策的调控产生了影响。随着外汇储备的增加，中国人民银行被迫发行更多的货币，从而增强了货币供给的内生性，进一步削弱了中国人民银行对基础货币的调控能力。

这表明，外部因素的变化也会对货币政策的效果产生重要影响，中国人民银行需要考虑更多因素来进行货币政策的制定和调整。

中国货币政策调控的演变经历了从行政化手段到数量型工具的转变，但在实践中仍然面临着一系列挑战。中国人民银行需要不断优化调控手段，加强对货币供给量的控制，同时也需要考虑外部因素对货币政策的影响，以确保经济运行的稳定和可持续发展。

（三）货币政策工具的不足影响有效性

货币政策的有效性是任何经济体都必须关注的重要议题之一。在这个问题上，有几个关键点和结论需要深入探讨。

首先，货币政策工具的不足是影响货币政策效果的一个重要因素。中国货币政策与西方明显不同，最显著的特点之一是法定存款准备金政策被用作常规性货币政策工具，成本低、效果好、可反复操作的货币政策工具相对缺乏。西方国家普遍采用的公开市场操作在中国的执行面临诸多难题，这主要是因为中国国债市场不发达，中国人民银行缺乏可用的债券。

为了解决这一难题，中国人民银行于 2002 年 9 月 24 日主动负债，发行央票，以增强其公开市场调控能力。央票的发行起到了冲销多发货币的积极作用，但同时也增加了央行的付息成本，并且由于央票具有期限性特点，长期使用可能导致货币多发。

除了货币政策工具的不足外，影响货币政策有效性的因素还包括货币政策的传导环境以及市场经济主体对货币政策的反应和反作用。传导环境的复杂性意味着货币政策产生的冲击可能会在经济体内部以及国际市场上产生不同的影响，这进一步增加了货币政策制定者的挑战。

衡量货币政策有效性的关键在于货币冲击通过不同传导渠道对最终目标的影响。这包括对 GDP、物价水平等因素的影响。因此，对不同货币政策传导渠道的传导效果进行详细研究至关重要。只有深入了解货币政策的传导机制，制定出更加精准有效的货币政策，才能更好地实现经济稳定和增长的目标。

货币政策的有效性受到多种因素的影响，其中货币政策工具的不足是一个重要因素。解决这一问题需要采取创新性的举措，同时加强对货币政策传导效果的研究，以确保货币政策能够更好地为经济发展服务。

四、中国应对美国货币政策外溢效应的政策分析

（一）美联储利率变动对中国经济运行的传导机制

1. 资产价格传导渠道

以加息为例，美联储加息对于美国经济和全球金融市场的影响一直备受关注。一方面，美联储的加息政策在一定程度上会对美国股市产生抑制作用，这是因为加息会提高企业和个人的借贷成本，降低消费和投资的需求，从而影响股市的表现。另一方面，加息也会推动美国债券市场收益率的上升，使得债券等固定收益产品更具吸引力，从而吸引投资者资金流入债券市场。

这种情况对于中国等新兴市场国家尤为重要。随着美国债券市场吸引力的增加，中国等国家面临着更大的资本外流压力。投资者可能选择抛售中国股票等资产，将资金转移至美国债券市场，以追求更高的回报率。这一过程会导致中国股票等资产价格下降，加剧资本外流

的压力，给中国金融市场带来不稳定因素。

同时，全球股票市场具有一定的联动效应。美国股市的下跌往往会引发其他国家股市的跟随性下跌，包括中国股市在内。这是因为投资者的情绪和行为往往会受到国际市场的影响，一旦美国股市出现大幅下跌，投资者可能会纷纷减少对其他国家股市的投资，导致其价格下跌。

这种情况对于企业和居民都会带来一系列影响。首先，股市的下跌会缩减企业的直接融资额度，增加企业通过发行股票等方式筹集资金的成本和难度。这将导致企业的资金供给减少，投资意愿降低，从而影响实体经济的发展和增长。

其次，股票等资产价格的下跌也会直接影响到居民的财富状况。随着股票等资产价格下降，居民的实际财富也会随之下降。这将导致居民对于消费的信心下降，消费支出必然减少。长期来看，消费的减少可能会影响整个经济的增长速度，甚至引发经济衰退的风险。

美联储加息对于美国股市和债市的影响不仅仅局限于国内，而是会对全球金融市场产生重大影响，尤其是新兴市场国家。

2. 利率传导渠道

利率传导渠道作为国际金融市场中的一项重要机制，不仅在国际金融体系中发挥着关键作用，也对各国经济政策及经济运行产生着深远影响。当一个国家的利率调整引发他国利率水平变动时，将通过各种途径影响他国的消费、投资等经济活动，从而产生利率传导效应。

考虑到汇率的浮动性，美国利率的上升通常会导致人民币贬值的情况。这一现象会对中国的外贸形势产生直接影响。随着人民币贬值，中国的产品在国际市场上变得更具竞争力，从而促进了中国产品的出口，抑制了进口。这进一步扩大了中国的经常账户国际收支顺差，并导致了外汇储备的增长。另一方面，由于人民币贬值，中国的货币供给量也会增加，因为出口企业将外汇兑换为人民币，从而增加了货币供应。但这也可能带来一定程度的输入型通胀压力，因为进口商品的价格上涨会传导到国内。

为了抑制通胀，中国不得不采取适度紧缩的货币政策。这意味着需要减少货币供应量，并提高利率水平，以使利率和汇率达到新的均衡状态。这种情况下，中国人民银行将不得不通过各种货币政策工具来控制货币供应和利率水平，以保持经济的稳定。

另一方面，为了稳定汇率并防止资本大规模外流，中国有着内在的动力来提高利率。在国际金融市场动荡不安的情况下，资本可能会大规模流出中国，这将对人民币汇率和金融体系稳定构成威胁。因此，中国政府可能会采取提高利率的措施，以吸引资本流入，维护金融市场的稳定。

值得注意的是，根据"三元悖论"原则，中国在资本账户开放的前提下，如果要稳定汇率，可能需要牺牲一部分货币政策的独立性。这意味着中国可能需要通过抛售美元、回购人民币等措施来引导货币市场利率的上升，以维持人民币汇率的稳定。

利率传导渠道对于国际金融市场的稳定和各国经济政策的制定具有重要意义。特别是在全球化的背景下，各国之间的利率传导效应更加密切，需要各国政策制定者密切关注国际金融市场的变化，灵活运用货币政策工具，以确保国内经济的稳定和可持续发展。

3.汇率传导渠道

在全球经济舞台上，汇率的浮动一直是各国政策制定者和投资者密切关注的焦点。在浮动汇率制度下，利率平价理论是解释汇率变动的重要理论之一。根据这一理论，当两国之间的利率差异发生变化时，投资者将会进行套利行为，从而导致跨境资金流动的增加，最终引发两国汇率的调整，以达到新的均衡状态。这一理论为解释汇率波动提供了理论依据，并对国际金融市场的运行产生了重要影响。

新冠疫情暴发以来，美联储货币政策调整对全球汇市产生了重要影响。特别是美联储加息政策的实施，导致美国和其他国家之间的利率差异发生变化，引发了国际投资者的套利行为。例如，美国实施加息政策使得美元资产的收益率上升，而与此同时，其他国家的利率相对而言并没有同步上升，导致了中美利差的倒挂现象。这种倒挂利差吸引了投资者增加对美元资产的配置，同时抛售其他货币资产，如人民币资产。这种资本外流压力加剧了中国的资本外流问题，迫使中国政府采取措施来抑制人民币汇率的过度贬值，以减缓资本外流的压力。

美联储政策调整不仅仅是对中国汇率产生影响，还会波及全球汇市。特别是 2022 年 6 月起的美联储缩表政策，即减少美联储资产负债表规模的政策，对人民币汇率产生了双波波动的影响。通常情况下，美元指数的走强会导致其他货币相对贬值，但在这一轮缩表政策实施期间，人民币汇率却表现出了相对较为强势的走势。这可能部分是因为中国政府有效控制了新冠疫情，经济率先复苏，出口企业率先恢复生产，从而带来了出口竞争优势，支撑了人民币汇率的稳定。然而，随着美联储缩减资产负债表规模，全球美元供应量减少，美元流动性泛滥趋势减轻，这也在一定程度上抑制了人民币汇率持续走强趋势。

除了外部因素的影响，人民币汇率还受到国内经济因素的影响，尤其是国债收益率的变化。当人民币升值时，国债最终收益率与人民币汇率的波动呈负相关关系。而当美元升值时，投资者更倾向于持有美元资产，这会影响中国国债市场的表现，导致对外直接投资流入速度放缓。因此，美联储的货币政策调整不仅仅对中国汇率产生影响，还会波及中国的进出口贸易和国内债券市场。

（二）美联储利率变动对中国经济运行的影响研判

1. 美联储加息对中国经济运行影响的分析

新冠疫情时期，中美货币政策的周期错位引发了诸多关注。这一错位导致了中美利差的急剧收窄，甚至出现了倒挂现象，从而提升了美元资产的吸引力，导致中国资本面临一定的流出压力。然而，整体而言，中国对此有一定的控制能力。

首先，就中美利差收窄的影响而言，自 2021 年四季度以来，中美 10 年期国债利差迅速收窄，甚至于 2022 年 4 月 11 日出现了倒挂，这是 2010 年以来的首次。这一趋势的出现主要是由于美联储加息预期增强，而中国的货币政策相对宽松，导致了利差的迅速收窄。这种错位使得美元资产在短期内变得更具吸引力，从而引发中国资本一定的流出压力。

其次，对于资金流动情况的观察显示，在美联储加息预期下，中国 2022 年一季度资本和金融账户逆差达到了 895 亿美元。然而，与此同时，经常账户和直接投资等国际收支基础性顺差仍然保持了一定规模，这在一定程度上稳定了跨境资金流动。此外，中国资本市场外资占比较低，因此美联储加息对外资流动的影响相对可控。

进一步观察债券市场，截至 2022 年年末，外资持有债券约占中国债券市场托管总量的 2.4%，远低于其他主要经济体。这意味着即使中美利差收窄，也难以实质性冲击中国债券市场。另外，自 2020 年以来，中国国债相继被纳入多个全球主流债券指数，这进一步增强了境外机构对中国债券的持有趋势，使得外部因素对中国债券市场的影响相对有限。

在股票市场方面，境外机构和个人持有境内股票仅约 3.2 万亿元，外资流出对国内股市的影响也相对可控。这表明外资在中国股票市场的份额较低，其流动性影响相对有限。

随着美联储加快紧缩步伐，国际热钱可能会加速回流美国，推动美元走强，对人民币汇率形成一定程度的贬值压力。尽管长期经济基本面和国际收支对人民币汇率形成支撑，但短期内人民币汇率可能会受到一定程度的波动影响。

2. 美联储降息对中国经济运行影响的分析

2024 年 9 月 18 日，美联储宣布降息 50 个基点。从机遇来看，随着美联储开启降息周期，美元强势周期临近尾声，全球流动性将有所回暖，将缓解中国金融市场压力。具体说来，一是缓解中国货币政策掣肘。美联储加息推高全球货币政策利率，同期中国货币政策保持宽松，与美国货币政策周期形成分化，这导致中美利差不断拉大，制约中国货币政策独立自主空间。随着美联储开启降息，中美货币政策进入同频阶段，有利于中国货币政策发挥正向效应。二是降低中国资本外流压力。受美联储利率持续高位影响，美元指数一度逼近 115，达到自 2002 年以来的最高位，多国货币对美元被动贬值，人民币也难以幸免，导致近年来资本撤离中国资本市场。随着美联储降息预期走高，美元指数已经基本回落至 100 附近，人民币贬值压力走低，跨境资本风险也将随之缓解，更趋向于跟随经济基本面流动。

从挑战来看，由于美联储货币政策具有较强的外溢效应，由紧转松这一转折可能对中国造成多重不确定性冲击。具体说来，一是加剧中国金融市场波动。降息虽然在理论上有助于释放流动性，但也容易增加市场投资者手中的筹码，在全世界范围收购低价优质资产，极易加剧市场波动，短期内加速资本以抄底心态大幅流入美国。同时，美联储降息降低了美元资产的吸引力，在美联储降息周期中，美元对人民币等其他主要货币的汇率或将出现大幅波动，也需注意人民币可能出现的非理性升值。二是影响中国对外贸易复苏。由于国际贸易仍以美元计价和结算为主，降息带来的汇率变动将直接影响国际贸易结算成本。加上美国进口商整体上仍具有较强的国际影响力和话语权，中国对外贸易企业往往在对外贸易中成为承担汇率波动风险的一方。当前人民币对美元汇率波动剧烈，特别是美元贬值预期上升，将导致中国外贸企业利润持续缩水，加大陷入经营困境的风险。三是增大中国资产泡沫风险。降息政策往往伴随着资金成本的降低和流动性的增加，这可能导致投资者寻求更高回报的投资渠道，从而推高资产价格。中国作为疫后世界经济增长的主要动力源，或将成为重要的资本流入国。然而，这种资本大规模流入和资产价格上涨很大程度上是基于投机和泡沫产生，而非实际价值支撑。一旦市场信心动摇或利率环境发生变化，资产泡沫可能迅速破裂，对金融市场和经济造成重创。

当前，中国经济面临着多重压力，如需求收缩、供给冲击、预期转弱等问题，而外部因素的挑战也在增加，包括乌克兰危机、输入型通胀、海外货币政策紧缩等。因此，未来中国需要营造宽松、适宜的流动性环境，以促进经济的稳定增长。

中国作为一个大型经济体，货币政策一直以来都坚持"国内优先"

的原则。近年来，中国货币政策的独立性不断增强，因此中国有条件和空间采取适当的措施，及时应对外部冲击，确保中国经济的稳定发展。

（三）政策分析

1. 坚持以我为主的货币政策取向，增强货币政策的前瞻性和可预见性

在当前形势下，制定和执行稳健的货币政策至关重要。一方面，坚持中国自身稳健的货币政策总体取向，充分发挥货币政策的主观能动性是当务之急。这意味着中国人民银行需不断创新货币政策调控思路，并丰富货币政策工具库。除了综合利用好存款准备金率、公开市场操作、再贷款、再贴现等常规工具外，还应该加强常备借贷便利（SLF）、中期借贷便利（MLF）等工具的使用，以便及时为市场补充流动性。此外，根据形势发展预调、微调现有货币政策，使其在不同时段和环境下灵活适度应对市场变动也是至关重要的。

另一方面，进一步完善预期管理机制，加强货币政策的有效性也是必要的。这需要中国人民银行建立货币政策与市场参与者反馈机制，以便及时了解市场参与者的心理预期，并充分发挥信息对预期的引导作用。同时，需要不断完善现有的信息沟通机制，通过积极运用媒体导向、信息披露、政策调整等多种媒介传播有效信息，引导和稳定公众的预期，提升市场参与者的信心。这样做不仅可以降低外部政策的负面效应，还可以为市场提供正向激励，起到稳定市场的作用。

在当前经济形势下，货币政策的稳健性和有效性对于保持经济的稳定和健康发展至关重要。通过坚持稳健的总体取向，中国人民银行可以更好地把握货币政策的主动权，并及时应对市场变动，确保货币

政策的灵活性和适应性。与此同时，通过进一步完善预期管理机制，中国人民银行可以更好地引导市场预期，提升市场参与者的信心，稳定市场情绪，从而为经济的持续发展提供良好的环境和条件。

2.深化市场化改革，构建国与国间货币政策溢出冲击缓冲地带

深化利率市场化改革是当前中国金融体制改革的重要方向之一。在这一进程中，第一关键点是建立由市场供求决定的利率形成机制。为此，需要强化银行间基准利率体系建设，其中以银行间市场存款类机构回购利率为代表，成为衡量市场利率的重要指标。同时，优化贷款市场报价机制，特别是贷款市场报价利率（LPR），这将有助于提高市场利率的透明度和灵活性。此外，完善"MLF利率—LPR—贷款利率"的传导机制，能够使得市场利率在为经营主体预留充足自由调整空间的同时，兼顾经营主体对不同资本价格的敏感性，从而为其提供融资成本更大的腾挪空间，有助于减少市场波动。

第二个关键点是完善有管理的浮动汇率制度。随着中国经济的国际化程度不断提高，汇率政策的稳定性和灵活性成为一个重要问题。在这方面，中国应当继续遵循循序渐进的原则，避免过快放开带来的金融市场震荡风险。逐步增加人民币汇率波动区间，引导汇率双向波动成为常态，有助于市场及时释放压力。此外，健全汇率中间价报价机制，引导企业和银行等经营主体树立"风险中性"观念，是确保汇率市场稳定的重要举措。

同时，为了增强人民币汇率市场的风险应对能力，需要积极引进合格境外主体和更多境内非银行金融机构，丰富参与汇率形成的主体。此外，适度开发外汇市场交易产品，如推出远期交易、期货期权交易等人民币外汇衍生品，也可以增强人民币汇率市场的风险应对能力。

第三个关键点是进一步推进人民币国际化。作为中国经济日益融入全球的重要一环，人民币国际化已经成为中国金融发展的战略目标之一。在这一进程中，依托共建"一带一路"等国家战略，加快人民币在资源开采、基建投资、战略性新兴产业、农业和服务业等重点领域的国际投资至关重要。另外，加大力度鼓励相关主体开展人民币贷款、境外人民币债券融资和权益类融资等业务，着力拓展以人民币为主的资本渠道，增强人民币在国际金融体系中的地位。

同时，加强区域内经贸金融合作，积极推进国家间货币互换协议，推动建立人民币清算系统等举措，也将有助于进一步推进人民币国际化进程。

此外，鼓励外贸企业建立汇率风险对冲机制，推动企业广泛使用汇率避险工具，合理运用外汇产品锁定汇率风险，也是维护国内经济稳定的重要举措。

3. 建立健全中国金融风险动态监测预警体系，加强金融风险防范国际合作

一是跟踪并警惕主要经济体货币政策转向调整的外溢效应。在当前全球化背景下，主要经济体货币政策的转向调整往往会对其他国家产生外溢效应。因此，建立有效的监测和预警机制显得尤为重要。引入多种金融科技手段，如大数据分析和深度学习技术，搭建智能监测平台能够帮助中国及时洞察国际经济形势变化，从而及时采取应对措施。特别是要加强信息挖掘环节，利用大数据实现全球货币政策动态实时更新，并通过网络爬虫等技术采集市场情绪数据进行舆情监督，以更全面地把握国际金融动态，提高预警能力。

二是健全中国金融监管理念，完善宏观审慎政策框架。金融监管

是维护金融稳定和经济发展的重要保障。健全中国金融监管理念，需要从多部门、多市场维度出发，选取符合国情的多层次、高频率指标数据，构建科学系统的金融风险测度指标体系。通过设置不同时期各机构和市场的风险状态阈值，可以更好地洞察金融风险的变化趋势。此外，还需要不断更新风险测度体系内各级指标数据，及时对现有框架进行完善和优化，以应对金融市场的快速变化。

三是灵活采取多种手段措施预防并降低外部冲击和压力。首先，要畅通中国与主要经济体的信息交流渠道，重点关注央行层面的国际宏观政策协调，争取在部分易达成共识的领域尽早达成金融监管间信息共享和执行配合。其次，可以通过召开峰会、推动区域合作等方式积极推进国际合作平台的建设，创立跨区域或全球范围内的跨境资本流动监管机构，设定金融风险防范机制。这些举措有助于促进国际金融避险工具的研发共享，推动构建全球金融风险防范网络，避免形成"以邻为壑"的宏观效应。

第五章 其他新兴经济体货币政策框架

发展中经济体货币政策虽不如发达国家完善，但在不同发展阶段着力解决不同的经济问题。同时，发展中经济体央行在制定货币政策也需要密切关注美联储政策动向，以便采取适当的对策来缓解潜在的外部冲击。本章重点选择印度、巴西、越南、南非等具有代表性的发展中经济体，通过研究其货币政策框架，从而为更好发挥货币政策作用解决经济难题提供有益参考。

一、印度货币政策框架

（一）货币政策框架概述

在 20 世纪 90 年代至 2009 年间，印度经历了一场深刻的金融改革，这场改革使得印度的金融体系从以高度管制为特征的体系转变为市场导向型的现代体系。这一变革的主要驱动力之一是货币政策的改革。在过去，印度的货币政策主要以信贷计划为特征，旨在通过引导信贷以促进经济发展，而货币数量目标制在 20 世纪 80 年代中期被引入，尽管印度央行也尝试引入一些新的货币市场工具，但传统的现金准备金率仍然是主要工具之一。然而，随着对既有货币市场工具的利率管制的放松以及对货币政策操作上的独立性的追求，印度 1997 年取消了特别国债的发行，使得货币政策在操作上获得了更大的独立性。

在货币政策的框架方面，印度央行采取了多指标方法，考虑到不同市场的利率或回报率，并在 2000 年引入了流动性调整工具（LAF），这一工具使得央行能够更灵活地运用回购和逆回购利率来影响货币市场利率。这些措施的目的是使货币政策运行更加现代化和有效。

然而，在 2009 年至 2013 年期间，全球金融危机对印度经济造成了冲击，导致了财政与货币刺激政策的实施。这些政策导致了通胀的上升和外部账户的不稳定，最终引发了所谓的"削减恐慌"，这表明市场对印度政策的不确定性和反应过度。为了应对这一挑战，印度央行采取了一系列措施，包括 2014 年采用通胀目标制度以及 2016 年的废钞事件。这些政策旨在解决新兴经济体所面临的三元悖论难题，即同时要应对通胀、维持经济增长，以及保持外部平衡。

印度的金融改革经历了从传统的管制体系向现代市场导向型体系的转变，货币政策在这一过程中发挥了关键作用。通过采取多样化的政策工具和操作框架，印度央行努力应对经济挑战，确保了金融体系的稳定和发展。然而，全球经济环境的变化和国内经济的特点仍然对印度的货币政策构成了挑战。

（二）2008 年金融危机之前的货币政策框架

在 2000 年初期，印度央行引入了一种更具现代形态的货币政策框架，以适应当时快速变化的经济环境。这一框架着重于通过调整政策利率和管理货币市场流动性来发挥作用，从而影响整体经济活动和通货膨胀水平。其中，公开市场操作是实现这一目标的主要工具之一，主要包括直接回购和逆回购。

2000 年，印度央行推出了流动性调整工具（LAF），为这一货币政策框架奠定了基础。LAF 的主要功能是通过回购和逆回购操作来维持隔夜货币市场利率在一定范围内。自 2004 年以来，LAF 已进入固定利率隔夜拍卖模式，这一举措旨在提高货币政策的透明度和效率。此外，印度央行还通过常备工具，如向银行提供出口信贷再融资和向主要交易商提供常备流动性工具等方式，配合 LAF 操作，以进一步调节货币市场的流动性。

然而，这一时期，印度的货币政策面临着一些挑战，其中最主要的是大规模资本内流。这种资本内流主要受到两个因素的影响：一方面是发达经济体宽松的货币政策；另一方面是印度经济的迅速增长。这些因素导致了大量外部资金涌入印度市场，给货币政策的实施带来了一定的复杂性和挑战。

为了应对这种资本内流的影响，印度央行在 2004 年早期实施了一项具有印度特色的货币政策创新，即"市场稳定计划"（Market Stabilization Scheme，MSS）。根据这一计划，政府同意印度央行发行短期国债和定期证券，其中 MSS 债券的收益由政府持有，存放在由印度央行维护的分离的现金账户内。这些资金只能用于偿还这些债券的目的，从而有效控制了流动性的波动。

除了市场稳定计划之外，印度还是最早采取宏观审慎措施以实现金融稳定目标的国家之一。

在这一货币政策框架的支持下，印度金融业和货币政策改革取得了显著的进展。金融制度的不断深化和市场的不断发展，为印度经济的持续增长提供了有力支撑。此外，这些措施还为印度在全球经济中扮演更加重要的角色奠定了基础。

（三）应对 2008 年金融危机的货币政策框架

虽然次贷危机对印度银行和金融业的直接影响相对较小，这主要是因为印度央行对复杂衍生品的敞口有限，且长期以来一直采取了一些宏观审慎政策措施。然而，2008 年 9 月雷曼兄弟破产后，外部环境出现了典型的"突然中断"，导致了印度资本流入急剧减少，外汇市场面临压力，印度央行不得不动用外汇储备来维持国内卢比的流动性。

2008 年至 2009 年期间，印度经济增长放缓，尽管前五年保持了 8.8% 的高速增长，但在次贷危机爆发后，经济增长率有所下降。特别是 2008 年第四季度，工业产出出现了自 20 世纪 90 年代中期以来的首次下降，这表明金融危机对实体经济产生了一定的影响。

为了缓解国内和外汇流动性的收缩，印度央行采取了一系列措施。首先，货币政策大幅放松，回购利率从 2008 年 8 月至 2009 年 4 月期间从 9% 降至 4.75%，逆回购利率从 6% 降至 3.25%。这一举措旨在增加流动性，促进信贷和投资活动。其次，印度央行采取了积极的流动性管理措施，包括降低现金准备金率等传统措施，以及一系列非常规措施，以防范整个金融体系可能出现的流动性压力。

然而，尽管印度央行采取了这些措施，印度经济在金融危机期间仍然面临着一定的挑战。外国直接投资（FDI）虽然相对稳定，但外部商业借款和贸易信贷变得困难，外国投资组合投资者开始在新兴经济体股市抛售股票，这导致了 2008 年 9 月至 10 月期间的大规模资本外流，进而加剧了外汇市场的压力。为了缓解这种压力，印度央行不得不大量使用外汇储备，这对国内卢比的流动性构成了挑战。

印度在金融危机期间采取了一系列措施来缓解金融市场和实体经济所面临的压力。尽管经济增长放缓，但印度央行的货币政策放松和积极的流动性管理措施有助于稳定金融市场，维持国内流动性，并减缓了金融危机对印度经济的负面影响。

1. 扩大市场流动性

在 2009 年，印度央行面临着严峻的金融危机局面。为了缓解金融市场的不稳定，印度央行采取了一系列重要措施。首先，它将基准利率从 9% 大幅降至 4.75%（截至 2009 年 4 月 21 日），旨在刺激经济活动和提振信心。与此同时，印度央行实施了逆转市场稳定计划（MSS），以维持市场稳定。为了进一步支持金融体系，印度央行为特殊金融机构设立了一系列非常规工具。

其中，印度央行通过引入流动性调整工具（LAF），为银行提供了特别回购窗口，以向共同基金、非银行金融公司（NBFCs）和住房金融公司（HFCs）放贷。此外，为了为非银行金融公司提供流动性支持，RBI 引入了特殊目的实体（Special Purpose Vehicle，SPV）。同时，印度央行还推出了一种特殊的再融资工具，使银行无须提供任何担保就可以获得融资，从而促进了资金流动。

除了针对金融机构的措施外，印度央行还采取了一系列措施以应对外汇市场的不确定性。这些措施包括利用外汇储备对外汇市场进行大量干预，上调各类外币非居民存款的利率上限，放宽外部商业借款（external commercial borrowings，即由非印度债权人以外币计价放出的面向印度借款人的贷款）制度，并允许 NBFCs/HFCs 获得外部借款。此外，RBI 还允许企业回购外币可转换债券，并为拥有海外分支机构的银行提供卢比—美元互换安排，以确保外汇流动性的充足性。

在这一财政与货币刺激双管齐下的背景下，印度经济逐渐复苏。2009 年至 2011 年，印度实际 GDP 增长率分别回升至 8.6% 和 8.9%。然而，这种复苏也带来了通胀压力的增加。首先是食品通胀在 2009 年底的上涨，随后是 2010 年 4 月潜在通胀的出现。通胀的加剧主要受到国际大宗商品价格上涨、国内食品供应问题、谷物价格管控以及农村工资增长等因素的影响。这些因素导致了消费者价格指数（CPI）通胀和通胀预期的上升，通胀压力持续加剧。

尽管印度央行采取了逐步收紧的货币政策，但步伐可能过于缓慢。实际政策利率仍为负，货币宽松政策持续到 2013 年初。随着需求压力的增加和投入成本的上涨，通胀进程进一步加速，并迅速传导到商品与服务的产出价格上，导致了潜在通胀的急剧上升。这一时期的高通胀与高通胀预期为 2014 年印度央行确立通胀目标制度奠定了基础。

然而，对这一时期货币政策的批评也在不断出现。一些人质疑印度 2008 年和 2010 年的货币扩张是否与当时的印度经济状况相符，或者是受到全球范围内扩张性货币和财政政策的过度影响。尽管印度银行体系对所谓的次级贷款毒资产几乎没有敞口，国内消费在印度的需求创造中继续发挥着重要作用，但这些批评也不能完全忽视。

2. 外部管理

在 2009 年至 2013 年间，印度央行的资本账户管理和外汇市场政策发生了显著变化，这一时期标志着印度经济政策的一系列调整。尽管印度央行并未正式宣布改变其汇率政策，然而，在这段时间里，印度央行似乎采取了一种不干预外汇市场的方式。这意味着尽管汇率升值，贸易和经常账户赤字扩大，但印度央行没有采取相应的外汇干预措施。相反，他们放宽了对外国投资的限制，这进一步推动了资本流入印度的债务投资。

具体来说，2012 年至 2013 年期间，全球利率持续下降，这导致资本流入印度的债务投资增加，从而增加了汇率上行的压力。这种资本内流加剧了印度的经常账户持续恶化，而印度央行的不干预政策使得这种压力更加显著。然而，一场名为"缩减恐慌"的事件打破了这种局面。此时，印度央行不得不改变其干预策略，而正值此时，印度央行也完成了换届，新任行长拉古拉迈·拉詹于 2013 年 9 月 5 日上任，这进一步影响了印度央行的政策路径。

持续升值的汇率、高企的国内需求以及对黄金进口限制的放宽，这些因素共同导致了印度经常账户的持续恶化。在美联储引发的"缩减恐慌"期间，印度被列入了"脆弱五国"之中，其经济面临着严重的外部压力和内部动荡。在这样的背景下，资本外流加速，尽管主要来自最近开放的国内债券市场。事实上，2013 年 6 月至 8 月，卢比兑美元汇率从 56.8 卢比 / 美元迅速贬值至 67.9 卢比 / 美元，表明在短短 3 个月内，卢比贬值了将近 16%。这一急剧的汇率波动引发了市场的恐慌和不确定性，加剧了印度经济的困境。

当然，造成经常账户赤字持续扩大的原因是多方面的。首先，2009 年以来全球经济增长的缓慢直接影响了印度的出口市场，这使得印度难以通过贸易盈余来缓解经常账户赤字。此外，尽管全球增长放缓，但国际商品价格仍然居高不下，这可能得益于发达经济体宽松的货币政策、全球流动性的充裕以及接近 0% 的利率水平。这些因素都导致了印度对商品的进口成本上升，从而进一步扩大了经常账户赤字。

另外，国内供给和政策限制也对印度经常账户产生了负面影响。

例如，煤炭进口的增加以及对铁矿石开采活动的限制，都导致了进口支出的增加。这些因素使得印度经常账户赤字不断扩大，加剧了印度经济的不稳定性。

3. 操作框架

印度央行一直在努力维护其货币政策框架的稳定性，但在2011年5月，他们进行了一系列的调整，着眼于减少外汇干预的幅度。这一调整是在2009年印度央行将流动性调整工具（LAF）操作从流动性转向赤字模式后的一项重大举措。在此之后，印度央行大幅减少了外汇干预的程度，同时对LAF操作进行了修改，以更好地适应新的货币政策环境。这一调整是在接受了印度央行货币政策操作程序工作组的建议后进行的，其中建议包括修改操作框架以更好地反映当前的经济形势。

印度央行在这次调整中引入了一种新的边际常备工具（MSF），允许银行进行隔夜借款，最高额度为其净活期与期限负债（NDTL）的1%。这一工具的利率比逆回购利率高100个基点，为了确保稳定的货币政策操作，印度央行在这次调整中还修改了逆回购利率，使其比回购利率低100个基点。此外，加权平均隔夜拆借利率（WACMR）作为唯一一个独立变化的政策利率，成了货币政策的操作目标。这些变化使得印度央行的货币政策框架更加灵活和适应性强，能够更好地应对经济的变化和挑战。

然而，尽管印度央行在维护货币政策框架的稳定性方面取得了一些进展，但印度的宏观经济稳定性在过去的几年里出现了明显的下降。根据世界银行的最新报告，2008年至2012年期间，印度的宏观经济稳定水平明显下降，并且不断恶化。尽管全球金融危机之后印度曾经短暂复苏，但这是以高预算、经常账户赤字和高通胀等问题为代价的。这些问题使得人们对印度危机后的经济增长是否可持续产生了质疑，特别是考虑到宏观经济稳定性的下降趋势。

因此，尽管印度央行在货币政策框架的调整方面取得了一些进展，但面对宏观经济稳定性的挑战，仍然需要进一步努力。这可能涉及更广泛的经济政策改革，以解决预算赤字、经常账户赤字和通货膨胀等问题。

（四）应对新冠疫情期间的货币政策框架

在新冠疫情暴发之前，印度经济已经呈现放缓的趋势，主要原因是私人部门需求的下降。然而，疫情的暴发以及最初采取的相对严格的防疫封锁措施导致了印度经济在 2020 年遭受了深刻而广泛的衰退。特别是在 2021 年第二波疫情防控期间，经济活动再次暂时性放缓。

为了尽量减少新冠疫情对经济和社会的影响，印度政策制定者采取了一系列措施，包括提供财政支持（尤其是对弱势群体的支持）、实施宽松的货币政策以提供流动性，并放宽金融部门的监管政策。其中，重要的金融部门措施包括暂停贷款的还本付息、通过"紧急信贷额度担保计划"等措施向企业提供资金支持，以及通过《资不抵债和破产法典》暂时中止企业的处置。

然而，随后印度央行开始考虑实现经济的软着陆。从 2022 年 5 月份开始，印度央行连续三次上调基准利率，累计提高利率 140 个基点，将其提升到疫情前的水平，即 5.4%。这一举措旨在稳定通货膨胀并避免经济出现过热的现象。

值得注意的是，在印度央行的政策指引下，印度经济已经出现了软着陆的基本迹象。从 2022 年 5 月份开始，印度通胀压力持续缓解，7 月份 CPI 已经降至 6.71%。与此同时，印度经济增长并没有受到加息过多的影响，这表明印度央行在实施货币政策时取得了一定的成功。

具体而言，从 2022 年 5 月起，印度央行开始加息，并于 2023 年 2 月共进行了 6 次加息，将回购利率从之前的 4% 上调至 6.5%，累计上调 250 个基点。这一举措的目的是控制通货膨胀，并稳定经济增长。与印度央行加息过程相对应，银行间隔夜拆借利率也从加息之前的 4.25% 上涨至 6.75%，累计上涨 250 个基点。

另外，印度央行仍然使用法定存款准备金率工具。印度央行于 2021 年 6 月上调法定存款准备金率 100 个基点至 4%，于 2022 年 5 月再次上调 50 个基点至 4.5%，并维持至今。截至 2023 年 10 月 18 日，印度 M3 同比增长 11%，增速比两周之前加快 0.2 个百分点，显示印度经济正在逐渐复苏，信贷需求旺盛。

印度在面对新冠疫情带来的经济挑战时，通过采取宽松的货币政策和财政支持等措施，有效地缓解了疫情对经济的冲击。

二、巴西货币政策框架

（一）货币政策框架

在了解巴西货币政策和金融体系的运作之前，首先需要了解巴西央行（BCB）的职能和结构。巴西央行是巴西金融体系最高决策机构国家货币委员会（CMN）的执行机构，负责制定并执行货币政策，以维护巴西货币的稳定和促进经济发展。货币政策的执行主要通过设定基准利率来实现，而这一利率被称为 Selic 利率，是巴西的基准利率。CMN 负责设定通货膨胀目标，而 BCB 则通过调整 Selic 利率来实现这一目标。

1. 基准利率

巴西央行设定的 Selic 利率目标是实现通货膨胀目标的主要工具。这个利率是在特殊清算和托管系统（Selic）中登记的每日银行间贷款收取的平均利率，期限为一天（隔夜），由联邦政府证券支持。Selic 利率不仅影响银行间市场的资金流动，也影响整个经济体系的借贷成本和投资决策。根据巴西国家货币委员会设定的通货膨胀目标，2023 年的目标是 3.25%，上限为 4.75%。

2. 国家货币委员会

国家货币委员会（CMN）是巴西金融体系的核心机构之一，负责制定货币和信贷政策，以维护货币稳定并促进经济发展。CMN 由巴西财政部长、计划部长和央行行长组成，至少每月召开一次会议，审议货币和金融相关问题。这个委员会制定货币政策目标，并授权巴西央行采取必要的措施来实现这些目标。因此，CMN 在巴西经济政策制定中扮演着至关重要的角色。

3. 货币政策委员会

巴西央行的货币政策委员会（Copom）是负责制定和调整 Selic 利率目标的机构。Copom 由央行行长和 8 名副行长组成，通常每年召开 8 次会议，如有特殊情况则由央行行长召集额外的会议。这个委员会采用简单多数票投票方式，当票数平局时，央行行长拥有决定权。会议通常分为两场，第一场涉及经济分析和讨论，参与者包括 Copom 成员、央行的部门负责人和其他官员。第二场则是确定 Selic 利率目标的会议，只有 Copom 成员和研究部负责人参与，最终的决定会在当日下午 6：30 公布。

巴西的货币政策运作涉及多个机构和决策层面，其中 CMN 制定货币政策目标，而 Copom 负责具体实施，通过调整 Selic 利率来达到这些目标。这一系统的有效运作对于巴西经济的稳定和发展至关重要，因此，CMN 和 Copom 的决策和行动在塑造巴西宏观经济走势中起着重要作用。

4.货币政策工具

巴西央行的货币操作主要包括公开市场操作（OMO）、准备金要求和常备信贷便利。

公开市场操作（OMO）是巴西央行用来管理银行系统流动性的关键工具之一。这一工具涵盖了在二级市场上买卖政府债券，包括直接交易、转售和回购协议（回购）。在 OMO 中，巴西央行特别使用由 Selic 托管的联邦公共债务证券。这些操作的目的在于管理银行体系中的过剩流动性，通过每日的联邦证券销售操作来调整流动性，并在未来通过竞争性拍卖进行回购（逆回购）。这些逆回购操作的期限一般从 1 天到 180 天不等，每天早上 9：00 左右，巴西央行都会进行隔夜拍卖，以消除过剩的流动性。

此外，巴西央行还实施了为期 45 天的逆回购操作，这种操作通常发生在 Copom（货币政策委员会）会议后的第二天，并持续到下一次 Copom 会议。长期逆回购（3 个月和 6 个月）则会在每天上午结束时轮流进行。为了制定流动性管理策略，巴西央行会制定长达 6 个月的流动性预测，并每日进行调整。这种系统化的方法有助于确保货币市场的稳定运行和金融体系的健康发展。

另一个重要的工具是准备金要求和常备借贷便利，它们用于设定货币市场利率（如回购市场）的上限并微调流动性。巴西央行通过回购操作提供流动性，但仅接受政府证券作为抵押品。这些设施的成本很低，比政策利率高出 100 个基点，且成本几乎为零。这种安排旨在为金融机构提供额外的流动性支持，同时确保货币市场运行顺畅。

在货币政策操作框架内，准备金率也扮演着重要角色。准备金率代表了决定流动性吸收公开市场操作设置的外生因素，有助于巴西央行控制流动性和调整货币政策。目前，根据金融机构负债的类型，巴西的准备金率框架分为三种不同类型：活期、定期和储蓄存款准备金率。

活期存款准备金率的目标是创造对银行准备金的需求，以确保货币市场和巴西支付系统的充分运作。它还通过限制商业银行货币的乘数效应在货币政策中发挥作用。这一准备金率是通过两周维持期内的平均余额来满足的，准备金余额不予支付。定期存款准备金率的目标是保持可在流动性短缺情况下使用的流动性缓冲，作为辅助工具吸收流动性。储蓄存款准备金率则作为流动性缓冲，有助于管理金融体系中与专项信贷（如房地产贷款和农村信贷）相关的资产和负债，其报酬与储蓄存款相同。

这种准备金率框架的设置不仅有助于对银行准备金进行冲销，还出于金融稳定的考虑，保持了金融体系的流动性缓冲。

过去数年中，巴西的准备金率经历了一系列变化。自 1994 年至 2023 年，准备金率的平均水平为 47.09%，但自 2018 年以来，这一比例已经下降到历史新低的 21%。这反映了巴西央行在调整货币政策和应对金融市场挑战方面所做的努力和策略调整。

巴西央行通过 OMO、准备金率和常备借贷便利等工具，以及不断调整的流动性管理策略，有效地维护了金融市场的稳定性和整体经济的健康发展。这些措施为巴西经济体系提供了稳定的货币环境和金融体系的弹性，有助于应对各种内外部的经济挑战和风险。

（二）货币市场

货币市场结构在巴西扮演着至关重要的角色，其中交易所和场外交易市场（OTC 市场）共同构成了这一体系的基石。巴西交易所（B3 – Brasil Bolsa Balcão）是全球市值最大的金融市场基础设施提供商之一，也是巴西雷亚尔相关产品的主要定价中心。这里涵盖了各种重要的金融工具，包括银行间存款期货（DI1 期货）、美元兑雷亚尔外汇期货（DOL 期货）、在岸雷亚尔利率期货（Selic 利率期货）等。与此同时，巴西的企业客户倾向于在银行报价的场外交易市场进行交易，而银行则在与企业签订掉期或外币贷款合约后，通常会选择在外汇期货市场调整头寸或对冲风险，从而将企业的风险转移到期货市场的投机者身上。因此，巴西的远期市场定价基准主要来自交易所内的交易活动，尤其是在巴西交易所进行的期货交易。

其中，Selic 利率是巴西经济的基本利率，也是银行间拆借利率的代表。Selic 利率的变动影响着整个国家的利率体系，无论是银行在发放贷款时收取的利率，还是投资者在进行金融投资时所获得的利率。这一利率是以巴西特殊结算和托管系统（Selic）中登记的政府证券支持的、期限为一天（即隔夜）的银行间拆借利率为基础计算得出的。Selic 利率的管理由巴西央行负责，该利率是由该系统每日执行的操作记录的平均值决定的。

另一方面，CDI 利率指的是巴西银行间存款利率的平均值，也称为巴西银行间隔夜拆借利率。这一利率通常被视为许多利率衍生产品的参考利率，包括 CDI 利率互换。在 2023 年 1 月至 11 月期间，CDI 利率的平均年化值达到了 13.22%。CDI 利率的稳定性和变动对巴西金融市场的稳定和发展具有重要意义。

此外，银行存贷款利率是另一个重要的利率指标，它通常反映了商业银行向个人和公司提供贷款时所收取的加权平均利率。巴西的银行存贷款利率相对较高，这在一定程度上反映了巴西国内储蓄率低的现状。研究者们普遍认为，这一现象的原因之一是巴西国内的储蓄率偏低，这也影响了银行对贷款利率的制定和调整。

货币市场结构、Selic 利率、CDI 利率以及银行存贷款利率是巴西金融市场中的重要组成部分，它们相互交织、相互影响，共同塑造了整个国家的金融格局和经济发展趋势。

（三）汇率制度和外汇管制

1. 浮动汇率制与外汇干预

巴西的货币政策与汇率制度经历了多次变革和调整，反映了该国在面对内外部经济挑战时的策略变化和实践经验。自 1967 年至 1990 年，巴西基本上采用了爬行钉住美元的汇率制度，这意味着巴西雷亚尔与美元的汇率会逐步调整，但保持着一定的稳定。然而，这一制度并未能有效抑制通货膨胀，尤其是在石油危机和海湾战争期间，石油价格的飙升导致了巴西国内通货膨胀的进一步加剧。

面对通货膨胀的压力，1990 年至 1994 年 6 月，巴西放弃了爬行钉住美元的汇率制度，转而实行有管理的浮动汇率制度。然而，尽管有管理的浮动汇率制度旨在提高灵活性和应对外部冲击，但其对通货膨胀的控制效果并不理想。这一时期，巴西经历了经济调整和政策转型的阵痛，试图寻找更有效的货币政策框架来稳定经济和控制通胀。

1994 年，巴西推出了"真实计划"，旨在结束恶性通货膨胀。这一计划的核心是恢复爬行钉住汇率制度，以稳定货币和抑制通货膨胀。在最初阶段，新货币被允许自由浮动，导致了相当大的升值，但这一措施并未解决根本问题。随后的几年中，巴西经历了一系列新兴市场危机，如 1994 年的龙舌兰危机、1997 年的亚洲危机和 1998 年的俄罗斯危机，这些危机给汇率带来了巨大的压力，迫使政策制定者重新审视汇率政策。

1999 年 1 月，面对持续的联系汇率压力和经济持续恶化的局面，巴西政府放弃了爬行钉住汇率制度，并重新建立了有管理的浮动制。这一决定标志着巴西货币政策的又一次调整，旨在应对国内外压力，并为经济稳定和可持续发展创造更有利的条件。

在有管理的浮动汇率制度下，巴西央行采取了一系列措施来管理汇率波动。巴西央行不会通过常态化外汇干预来确定汇率水平，但在市场波动较大时，会通过掉期操作来减少外汇过度波动。这包括传统的外汇掉期操作和"反向"掉期操作两种方式，以及其他形式的干预，如改变税收政策。

传统的外汇掉期操作是巴西央行进行外汇干预的主要工具之一。巴西央行通过拍卖购买货币掉期合约，在外汇衍生品的远期市场中出售美元，从而减轻美元在巴西市场的升值压力。然而，这种操作往往会给巴西央行带来财务损失，增加利息支出、扩大预算赤字和增加公共债务。

除了传统的掉期操作，巴西央行还会通过反向操作来降低雷亚尔升值压力。这种操作包括利用 Selic 利率空头和外汇多头头寸来出售外汇掉期合约，以抑制外汇过度升值。

此外，巴西央行还曾通过直接干预和改变税收政策等方式干预外汇市场。例如，1998 年俄罗斯金融危机期间，巴西央行广泛使用了直接干预，投放大量美元进入市场，以减轻巴西外汇储备急剧减少和货币贬值压力增大的局面。2019 年，面对雷亚尔持续贬值的压力，巴西央行首次动用外汇储备在现汇市场抛售美元进行直接干预。

巴西的货币政策和汇率制度在不同历史时期经历了多次调整和变革，反映了该国在面对内外部经济挑战时的策略调整和政策实践。

2. 央行的外汇管制

巴西，作为南美洲最大的经济体之一，一直以来都实行着严格的外汇管制政策。外国企业或个人想要在巴西开立外汇账户，必须经过巴西央行的登记和事前审批程序。一旦外汇进入巴西，需在巴西央行进行登记，并在提现前折算成当地货币——雷亚尔。这种外汇管制政策使得雷亚尔成为巴西唯一通用的货币。

然而，2021 年 12 月 30 日，巴西央行推出了一系列新的外汇管理规定，旨在调整外汇市场和国际资本立法，以简化对外贸易外汇管理，并改善商业环境。这些新规定于 2022 年 12 月 31 日正式生效。新规定的出台，标志着巴西政府在外汇管理方面的一次重大调整，将为外国投资者带来更便利的投资环境。

根据新规，进口外汇兑换将通过进口商与巴西央行授权的商业银行签署的"外汇买卖合同"进行。同时，所有在巴西的外国投资者必须在巴西央行注册，而外资在投资利润汇出、撤资或再投资时，必须出示巴西央行颁发的外国投资证明，并缴纳资本利得税，税率为 15%。

这一系列的规定，旨在加强对外国投资的监管，保障巴西的金融安全和稳定。

在新规中，巴西央行还对外资登记进行了简化，并重点放宽了小额交易的相关手续。巴西央行不再收集与统计目的无关的数据，这将有效降低外国投资者的登记成本，提高了外国投资者的投资意愿。

然而，需要注意的是，某些领域的外商直接投资仍受到巴西法律的限制，如通信、医疗、核能等领域。这些限制旨在保护巴西的国家安全和经济利益，确保外商直接投资的合法性和可持续性。

另外，巴西对外部投资者也有一些特别安排。海外个人和法人实体在完成相关注册手续后可以在巴西本地投资，并几乎不受限制地投资居民投资者可用的大多数金融和资本市场工具。然而，外国投资者不能独资在巴西经营银行和保险业，也不能在金融机构中占多数股，除非总统从国家整体利益考虑给予特别批准。

此外，对于外国信贷转化的投资，需事先经过巴西央行批准，并进行象征性的外汇买卖操作。巴西企业应在 30 天内将该资金资产化，并向巴西央行提出外资注册申请。

另外，巴西还允许巴西公民个人之间进行小额、非专业、偶尔的外汇交易，单笔最高限额不超过 500 美元。然而，该许可仅限于现金交易，并要求交易双方提供其个人纳税人号码（CPF）并出具购买证明。此外，出入境个人仅需申报超过 10000 美元（约 54000 雷亚尔）的现金。

最后，外汇市场的业务需通过巴西央行授权在该市场运营的机构进行。汇率由获授权在外汇市场运营的机构之间以及这些机构与其客户之间自由商定，不受价值限制。

巴西的外汇管理政策经过一系列的调整和优化，旨在吸引更多的外国投资，推动经济的发展和繁荣。新规的出台，将为外国投资者提供更加便利和安全的投资环境，有助于增强巴西在全球经济中的竞争力。

（四）应对新冠疫情期间的货币政策框架

巴西央行在面对新冠疫情带来的影响时，采取了一系列重要举措，旨在改善融资环境，稳定金融体系，并应对通货膨胀的风险。这些措施涉及多个方面，包括货币政策的调整、流动性支持措施的实施，以及资产端的调整和管理。

首先，为了刺激经济活动并应对新冠疫情的冲击，巴西央行采取了降息政策。多次下调基准利率，从原先的 2.25% 下调至 2%，这一举措旨在降低借贷成本，鼓励企业和个人增加投资和消费，从而推动经济复苏。此外，巴西央行还通过降低定期存款准备金率的方式，释放了大量流动性，以确保金融机构有足够的资金供应，从而保持金融体系的稳定运行。定期存款准备金率从 31% 降至 25%，随后再降至 17%。这一系列措施累计释放了 1170 亿雷亚尔的流动性，有力地支持了金融市场的运作。

其次，巴西央行还引入了一系列特别的流动性支持工具，以进一步增强金融机构的信贷能力和流动性。特别担保新定期存款工具（NDPGE）是其中的一项重要举措，通过向金融机构提供额外的信贷资金，帮助它们更好地满足客户的融资需求，同时促进金融机构之间的资金流动。此外，巴西央行还通过提供特别临时流动性额度，向金融机构提供本币质押贷款，预计为金融体系提供了 910 亿雷亚尔的流动性支持。

除了货币政策和流动性支持措施外，巴西央行还对资产端进行了调整和管理,以应对外部环境的变化和国内经济的需求。巴西央行的资产主要包括"外国证券"和"联邦政府债券",其中"外国证券"在 2019 年底的占比超过了 38%,而"联邦政府债券"的占比则高达54%。特别是在 2020 年以来,为了应对新冠疫情防控期间雷亚尔对美元的贬值压力,巴西央行不断增持以美元计价的外国证券,以维持本国汇率的基本稳定。

然而,随着经济逐渐复苏和通货膨胀压力的上升,巴西央行在2021 年后不得不调整其货币政策。为了控制通胀并维护货币的稳定,巴西央行进行了多次加息操作,将基准利率从 2% 上调至 5.25%。这一举措旨在抑制通货膨胀的风险,同时避免经济过热和资产价格泡沫的出现。尽管加息可能会增加企业和个人的融资成本,但对于控制通货膨胀和维护货币稳定来说,这是必要的举措。

巴西央行在应对新冠疫情和经济不确定性方面采取了一系列有力的措施,包括货币政策的调整、流动性支持措施的实施,以及资产端的调整和管理。这些措施不仅有助于缓解金融市场的压力,促进经济的稳定和复苏,也有助于维护金融系统的稳定和货币的稳定。

三、越南货币政策框架

(一)银行体制

1. 计划经济与经济改革

越南国家银行的历程始于 20 世纪 50 年代初。自 1986 年以来,越南国家银行经历了更为深刻的经济改革。从计划经济向市场经济的过渡标志着越南金融体系的转型。实行二级银行体制，越南国家银行承担起央行的职能。同时，四大商业银行应运而生，越南也加入了国际金融组织，并进行了银行业法律和制度改革。开放金融市场、实施利率和信贷市场的自由化以及国有商业银行结构的调整，都推动了越南金融体系的国际化和现代化进程。

这一系列的改革和发展取得了显著成就。社会投资和不良贷款比例都得到了显著改善，银行体系和政策的透明度也得到了提高。越南国家银行在支持越南的社会主义建设和经济现代化方面发挥了关键作用，逐步融入国际金融体系，并提高了金融服务质量和效率。

因此，越南国家银行的演变道路展示了一个国家金融体系从战争时期到和平时期、从计划经济到市场经济的转型过程。其不断改革和发展的经历为越南的经济繁荣和金融稳定提供了坚实的支持。

2. 越南银行体制的改革

在越南经济改革的进程中，1990 年是一个重要的转折点，当时越南正式开始了对央行和商业银行功能的区分，并成立了股份制商业银行。这一举措为越南的金融体系带来了重大变革，为更好地管理货币政策和金融机构奠定了基础。然而，直到 1997 年，越南央行的责任才得到了更为明确的法律规定，这进一步巩固了越南金融体系的稳定性和透明度。

首先，越南央行在越南的地位和职能至关重要。越南央行被归类为直属政府的央行，其法律地位由其职能以及与政府、银行系统和国家经济的关系来决定。自越南国家成立以来，越南国家银行一直作为政府的一个部级机构存在，其组织活动受到政府的直接管制。越南国家银行的领导人员由政府总理提名并由议会批准，这确保了其与政府之间密切的关联。

其次，越南央行的功能包括了多个方面，如促进货币稳定、监管金融机构、向政府提出经济政策建议、管理外汇储备等。此外，越南央行还负责印刷和发行钞票，监督商业银行的活动并向其提供借贷等服务。

第三，越南央行作为政府系统的一部分，具有一定的特点和职责。其中，越南央行参与实现社会经济发展目标，按照政府规定进行劳动管理政策，并享有作为公务员的权利和义务。此外，越南央行的资本和政策待遇均由政府规定，这体现了其在国家政治体系中的特殊地位和作用。

随着改革的不断深化，越南央行的职能和任务也在不断调整和完善。改革后，越南央行不再追求商业利润，而是更加专注于实施国家管理和提供服务的职能。根据法律规定，越南央行的各部门拥有明确的功能、任务、权限和组织机构，如货币政策司负责制定国家货币政策，外汇管理司负责管理外汇等。

（二）货币政策框架

1.货币供应量控制

从货币供应量的角度深入分析越南央行的货币政策执行情况，揭示了其在货币供应控制上存在的核心问题及其背后的复杂因素。越南央行在控制货币供应量，尤其是基础货币供应量方面的能力受到诸多挑战，这些挑战既包括内部金融体系的结构性问题，也包括外部经济环境的影响。

基础货币作为货币政策的直接工具，对整个经济体系的货币供应量有着决定性影响。根据数量方程式，货币供应量可以通过基础货币和货币乘数的乘积来计算。这意味着越南央行对基础货币的控制能力直接关系到其控制整体货币供应量的能力。在越南，这一点尤为重要，因为经济结构和金融体系的特殊性使得货币政策的执行效果直接影响到宏观经济稳定。

在 20 世纪 90 年代中期以前，越南央行主要通过对金融机构的贷款来投放基础货币。然而，由于金融监管水平的局限性，商业银行经常利用信贷扩张来迫使越南央行增加贷款。这一策略不仅削弱了越南央行的调控能力，也使得越南央行在基础货币的投放方面变得更加被动。

越南的货币供应变化与其经济增长水平之间并不存在稳定的关系，显示出货币政策调控面临的困难。同时，货币供给与物价水平的变动之间存在较强的相关性，这暗示着通货膨胀压力与货币供应量的控制密切相关。这种现象在越南尤为明显，因为物价水平的波动直接影响到居民的生活成本和经济的整体稳定。

越南实行的是管理浮动汇率制，实质上是固定汇率制的一种变体，这要求货币政策在一定程度上要与利率目标相协调。这种制度安排使得越南央行在实施货币政策时不得不考虑汇率的稳定，进一步削弱了其对基础货币供应的控制力。

随着金融创新活动的增加，传统的货币供应量度量变得更加复杂。一方面，金融创新拓展了货币供应的渠道，促进了金融市场的发展；另一方面，这些活动也使得越南央行在度量和控制货币供应量时面临更大的挑战。

越南经济和金融体系的一些结构性问题，如商业银行管理水平较低、证券市场发展滞后、居民对现金持有的依赖等，都在一定程度上影响了货币政策的执行效果。这些问题的存在，使得货币供应量作为货币政策中介目标的效果大打折扣。

越南央行在控制货币供应量方面面临重大挑战。要有效地提升货币政策的执行效果，需要从加强金融监管、优化货币政策框架、促进金融市场发展等多方面入手，以应对内部结构性问题和外部经济环境变化带来的挑战。

2. 利率目标选择评价

货币政策中，利率的角色至关重要，因为它是一种常用的调节工具，用来影响经济活动和通货膨胀水平。在这一政策框架下，利率水平通常作为一个重要的中介目标，尤其是短期市场利率，因为它能够快速反映货币市场的资金供求状况，并且具有较高的变动灵活性。在实际操作中，央行通常会选择一些特定的利率指标来作为调控的对象，比如银行间同业拆借率和短期国库券利率。通过调整再贴现率、法定存款准备金率以及开展公开市场业务等手段，越南央行可以改变货币供求状况，从而引导短期市场利率的变化，以达到货币政策的预期目标。

然而，以短期利率作为货币政策中介目标的国家主要集中在利率市场化程度高、公开市场业务操作成熟的西方发达国家。这些国家在利率市场化方面取得了较大的进展，使得利率调控成为一种相对有效的手段。相比之下，对于一些发展中国家来说，特别是像越南这样的新兴市场国家，利率调控的应用条件并不十分充分。

首先，越南等新兴市场国家的资本市场相对不够发达，流动性和透明度都存在一定的问题。这导致了市场利率的形成机制不够完善，越南央行很难准确地把握市场的资金供求情况，从而影响到利率调控的效果。

其次，贷款需求对利率变动的弹性并不是固定的。尤其是在缺乏充分成本控制和效益优化的国家，像越南这样的市场中，企业和个人对利率的反应可能相对迟钝，或者是受到其他因素的制约，使得利率调控的效果并不十分明显。

此外，货币政策的外在时滞也是影响利率调控效果的一个重要因素。由于货币政策的实施需要一定的时间来产生效果，而且这种效果也是逐步累积的，因此在短期内很难看到立竿见影的效果。这使得利率调控在某种程度上显得有些无力。

另外，还需要考虑到货币政策受到未来预期变动的影响。即使越南央行采取了一定的利率调整措施，但如果市场对未来经济形势有所担忧，那么存款者可能会采取一些保守的行为，比如选择更加安全的投资渠道，而不是受利率变动的影响。

尽管利率调控在一些发达国家取得了一定的成功，但在一些新兴市场国家，特别是像越南这样的国家，利率调控的效果并不十分理想。这主要是由于资本市场不发达、贷款需求弹性不确定、货币政策时滞和未来预期等因素的影响。

3. 通货膨胀目标选择评价

自 20 世纪 90 年代以来，货币政策的中介目标逐渐从利率目标和货币供应量目标转向通货膨胀目标制。专家学者普遍认为，将通货膨胀率作为中间目标的优势在于其可预测性和相关性，这有助于提高货币政策的有效性。然而，越南国家银行对通货膨胀目标调控虽然有兴趣，但其当前状况并不完全支持传统的通货膨胀目标调控机制框架。

国际货币基金组织提出了支撑通货膨胀目标调控机制的四点框架内容。首先，央行需明确规定货币政策关于通货膨胀目标调控的基本目标，并公允其对这一目标的实现负责。其次，通货膨胀调控目标应独立于其他社会经济目标，并且货币政策不受财政方面先决事宜的支配。第三，该国应具备发达、稳定的金融体系，以执行通货膨胀调控目标的相关框架。最后，央行需要具备合理的政策调控工具，并能够对通货膨胀进行干预。

然而，越南央行在市场化间接调控工具上的能力有限，且政府层面并不希望完全根据通货膨胀目标调控机制来制定货币政策的基本目标。此外，1998年相关法律规定越南央行（及其他政府机构）负责实现国家权力机构所设定的通货膨胀目标。在越南央行缺乏货币政策独立性的情况下，即便认识到控制通货膨胀对可持续增长的必要性，越南国家政治领导者也不愿意牺牲增长或就业目标来换取通货膨胀调控目标的实现。

尽管过去二十多年的发展经验表明，通货膨胀率、汇率以及利率等重要宏观经济价格因素的稳定性对越南经济的高速增长具有强大的支撑作用，但相对于其他经济发展目标而言，通货膨胀目标缺乏优先性。考虑到实现通货膨胀调控目标可能导致经济紧缩的情况下，对于处于经济扩张期的越南而言，通货膨胀目标制度存在一定风险。

因此，通货膨胀目标也不适合作为越南货币政策的单一中介变量。在越南现有经济条件下，无论将通货膨胀率作为货币政策的中介目标，还是将控制通货膨胀作为货币政策框架都需要再三考虑。

4.汇率目标选择评价

汇率在货币政策中的角色一直备受关注，特别是对于开放性程度较高的经济体而言。汇率作为货币政策中的中介目标，具有影响进出口变动和国际生产要素流动的重要作用，从而实现经济的内外均衡。在这一框架下，国际收支的动态平衡被视为核心目标，而汇率调控则是达成这一目标的手段之一。

汇率目标制的核心在于维持汇率在合理浮动区间内波动，以促进经济的稳定发展。通过调整货币供应量、利率等政策工具，央行可以影响汇率的变动，从而控制进出口以及国际资本流动，保持汇率在合理范围内波动。尽管汇率政策需要面对一定的挑战，但其在管理国际收支方面的优势仍然显而易见。

相比之下，货币供应量目标和利率目标在经济相关性和可控性方面不如汇率目标突出。特别是对于贸易依存度高的经济体，如越南，汇率变动对国际收支平衡的调节作用更为实际。通过贸易乘数的传导作用，汇率变动可以间接影响物价水平、就业率和经济增长率，从而对经济产生深远影响。

在货币政策中选择以汇率为中介目标相对于利率目标具有更大的灵活性。特别是对于处于经济发展起步阶段的国家，如越南，以短期利率作为货币政策中介目标需要成熟的基准利率和利率市场化机制的支撑，这对其而言是十分苛刻的条件。相比之下，汇率调控框架更为宽松，一方面符合政策基础要求，另一方面确定汇率浮动的目标区间相对容易。

另外，汇率调控目标对央行的独立性要求相对较低。尤其是对于独立性较差的央行而言，在采用汇率中介目标的情况下，可以通过盯住主要国际硬通货或结构优化的硬通货货币篮子，依靠强势经济体的稳定性促进本国经济的发展。这种机制可以在一定程度上降低央行的政策风险，为经济发展提供更稳定的环境。

然而，汇率作为货币政策中的中介目标也面临着一些挑战和限制。近年来，随着金融体系和金融工具的创新，货币供给量的控制变得越来越困难，这削弱了央行对经济的控制力。此外，外向型经济对货币政策的影响也不容忽视。尤其是在开放经济条件下，外部冲击对汇率的影响可能会导致货币政策的失灵，从而影响经济的稳定发展。

以汇率作为货币政策中的中介目标在特定条件下是一种有效的选择，特别是对于开放性程度较高、贸易依存度较高的经济体而言。然而，央行在制定和实施汇率调控政策时需要充分考虑国内外经济环境的变化，并采取相应的措施来保持经济的稳定和可持续发展。

（三）应对新冠疫情期间的货币政策框架

面对新冠疫情带来的经济压力，越南政府采取了一系列的刺激政策，以减轻经济的负面影响。其中，货币政策是其中的重要组成部分。

首先，在货币政策方面，越南央行采取了积极的举措。2020 年，越南央行实施了三轮降息，以降低融资成本，鼓励企业和个人增加支出，刺激经济活动。随后，到了 2021 年，越南央行决定将利率维持在历史低点的 2.5%，这一举措旨在继续提供低廉的融资环境，促进经济复苏。与此同时，越南央行还指导商业银行适当降低贷款利率，以确保金融市场的流动性和稳定性。

其次，越南央行为了支持经济增长和控制通胀，制定了一系列的信贷政策目标。根据 2021 年的经济增长目标和通胀率，越南央行确定了当年的信贷增长目标为 12%，并表示将根据实际情况进行灵活调整。这一目标的设定旨在保持经济增长的稳定性，并在通胀风险下保持物价稳定。此外，越南央行还指导商业银行将贷款重点放在制造业等优先领域，同时限制向房地产和证券等风险行业提供贷款，以降低系统性风险。

最后，越南央行在2021年强调了其货币政策的总体方向。从当年开始，越南央行将坚持主动、灵活和谨慎的态度调控货币政策，将其与财政政策及其他宏观经济政策密切结合，以保障宏观经济的稳定、遏制通胀、助推经济复苏。

越南政府在新冠疫情期间通过货币政策的调整，积极应对了经济面临的挑战。越南央行的举措不仅有助于缓解疫情带来的冲击，还为经济的快速恢复创造了有利条件。

四、南非货币政策框架

（一）以控制通胀为目标的货币政策

南非储备银行在塑造货币政策方面一直将抑制通货膨胀作为首要目标。自1980年代初期起，南非实行了一系列的货币政策变革，旨在采取更为灵活和有效的措施来控制通货膨胀。在1980年之前，南非采用了信贷额度管理和对存款利率的控制等直接手段来干预货币市场，但随后逐步废除了这些控制，转而采用了更为间接的通胀目标制。这一转变体现了南非储备银行对货币政策框架的创新和适应能力，以及对国内外经济环境变化的敏感度。

1986年起，南非储备银行开始坚决实行通胀目标制货币政策，这标志着南非货币政策的又一次重大调整。通过回购利率和微观审慎监管等手段，南非储备银行有效地调控了银行存款利率和信贷规模，从而有效地抑制了通货膨胀的持续上涨势头。与此同时，1994 年南非非国大党上台执政，面对就业压力和百业待兴的形势，南非储备银行坚持实行从紧的货币政策，以维护金融秩序稳定，抑制通货膨胀的继续蔓延。

然而，南非政府也意识到，单纯依靠货币政策可能无法根本解决经济面临的挑战。因此，1996 年，南非政府出台了新的宏观经济政策，提出了"增长、就业和再分配战略"，旨在通过实施审慎、稳健的财政和货币政策来改善宏观经济环境，进一步降低通胀率。

2000 年，南非储备银行正式宣布采用通胀目标制货币政策，这一决定进一步巩固了南非货币政策的稳健性和连续性。南非储备银行通过在全国各地举行定期的货币政策论坛，促进了货币政策的透明度和市场参与度，增强了政策的有效性和可持续性。多年来，南非储备银行不断调整和优化货币政策框架，取得了显著的成效。通胀率逐步下降，南非经济步入了较快增长的轨道，尤其是自 1999 年以来，南非经济持续保持稳步增长，这表明了南非货币政策的有效性和可持续性。

南非储备银行在塑造货币政策方面经历了多次的调整和变革，不断适应国内外经济环境的变化。南非储备银行始终坚持将控制通货膨胀作为货币政策的首要目标，并通过创新和改革不断提升政策的针对性和有效性。

（二）资本开放和汇率管制

在 20 世纪 90 年代初期，南非面临着严峻的经济挑战。回顾 1980 年至 1994 年这段时间，南非处于与国际资本市场严重分隔的状态，主要由于当时政治环境的不稳定以及国际社会对南非政府的贸易金融制裁。特别是在 20 世纪 80 年代中期，南非政府采取了一系列严格的贸易金融措施，包括对资本实行严格管制、延缓对外债的支付等，这些措施最终导致了 1985 年的南非国际收支危机和银行危机的爆发。

根据统计数据，从 1980 年到 1993 年，南非的外商直接投资流入仅达到 3 亿美元，外国融资严重不足，南非储备银行的净外汇储备也仅有 5 亿兰特。这些数据清晰地反映了南非经济在这段时期面临的极大挑战。

然而，1985 年国际收支危机和银行危机爆发后，南非政府迅速吸取了危机教训，并采取了积极的改革措施。在 20 世纪 90 年代初期，南非完成了对本国金融部门的广泛改革，实现了金融部门的兼并重组，建立了大型银行集团。这些改革措施为南非的金融体系现代化奠定了坚实的基础。

与此同时，南非政府逐步改善了与国际金融市场的关系，并采取了渐进式放开资本管制的政策。1994 年 12 月，南非政府重返国际资本市场，成功发行了 7.5 亿美元的全球债券，标志着南非资本项目的渐进式开放序幕拉开。同年，南非取消了金融兰特账户制度，这一举措意味着南非废除了对非居民的换汇限制，为资本项目的逐步开放创造了条件。

随后，南非政府相继采取了一系列开放资本项目的措施。到 1999 年，南非已经取消了 70% 的资本项目外汇管制。2004 年 10 月，南非废除了对南非公司到国外直接投资的限额，并取消了对在国外取得红利汇回国内的限制。然而，值得注意的是，尽管资本项目外汇管制逐步放宽，但受制于外汇储备数额的限制，南非尚未实行完全的外汇自由化政策。

南非的外汇管制政策主要集中在对南非居民资本项目下的外汇交易进行管制，以及对南非居民个人、企业、机构投资者的对外投资额度进行限制。对于南非居民经常项目下的外汇收付需求，只需向特许经纪商提供有关证明材料就可办理，但对非南非居民资金流动则不进行外汇管制。这一系列政策的实施，为南非经济的稳步增长和金融体系的现代化发展奠定了基础，同时也为南非与国际金融市场的融合提供了有力支持。

（三）应对新冠疫情期间的货币政策框架

南非央行在 2020 年采取了一系列紧急措施，以缓解新冠疫情对经济的冲击。首先，南非央行多次下调回购利率，从 2020 年 1 月的 6.5% 下降至 7 月的 3.50%，旨在刺激经济活动和提振信心。此外，针对受疫情影响较大的特定企业，南非央行实施了 COVID-19 贷款担保计划，向符合条件的企业提供约 1000 亿南非兰特的担保贷款，以帮助他们渡过难关并保持运营。这一举措有助于稳定企业经营，减少裁员和倒闭的风险，同时也有利于维护就业和经济稳定。

与此同时，南非央行还启动了"南非版 QE"债券购买计划，旨在通过购买政府债券等资产来注入流动性，支持金融市场的稳定运行。此外，南非央行还采取了一系列措施来增加流动性，包括降低金融机构流动性覆盖率合规要求至 80%，以及实施日间隔夜补充回购操作、每周主要再融资操作等支持工具，以确保金融体系的正常运转。这些举措有助于缓解金融市场的紧张局势，维护市场信心，促进经济的复苏和发展。

然而，随着新冠疫情的发展和全球经济的波动，南非央行在

2022 年面临新的挑战。受美联储加息和欧洲央行推进货币政策正常化的影响，南非央行不得不开始考虑加息，以应对国内通货膨胀压力。尽管这一举措有助于稳定通胀水平，但也不可避免地导致了南非经济增长的放缓和失业率的上升。经济增长放缓可能会影响企业的投资和就业，进而影响到家庭收入和生活水平。失业率的上升则可能会加剧社会不稳定，增加政府的社会保障负担，对国家经济和社会造成更大的压力。

参考文献

[1]比托尔·康斯坦西奥，曾繁荣. 欧盟资本市场一体化影响 [J]. 中国金融，2016（12）：24-25.

[2]边卫红，陆晓明，高玉伟，等. 美国量化宽松货币政策调整的影响及对策 [J]. 国际金融研究，2013（9）：21-28.

[3]昌忠泽. 流动性冲击、货币政策失误与金融危机——对美国金融危机的反思 [J]. 金融研究，2010（7）：18-34.

[4]常科，周念利. 欧盟成员国货币政策传导机制的非对称性研究 [J]. 生产力研究，2009（5）：49-50+90.

[5]陈虹，马永健. 美国量化宽松货币政策与退出效应及其对中国的影响研究 [J]. 世界经济研究，2016（6）：22-31+134.

[6]陈继勇，袁威，肖卫国. 流动性、资产价格波动的隐含信息和货币政策选择——基于中国股票市场与房地产市场的实证分析 [J]. 经济研究，2013，48（11）：43-55.

[7]陈文玲，颜少君. 当前世界经济发展的新趋势与新特征 [J]. 南京社会科学，2016（5）：1-9.

[8]陈文玲，颜少君. 世界经济格局变化与全球经济治理新结构的构建 [J]. 宏观经济研究，2012（3）：3-10+33.

[9]陈彦斌，郭豫媚，陈伟泽. 2008 年金融危机后中国货币数量论失效研究 [J]. 经济研究，2015，50（4）：21-35.

［10］陈燕. 美国量化宽松货币政策下的中国货币政策思考 [J]. 企业经济，2011，30（12）：164-167.

［11］陈雨露. 四十年来中央银行的研究进展及中国的实践 [J]. 金融研究，2019（2）：1-19.

［12］陈中飞，刘思琦，李珂欣. 宏观审慎政策减少了资本异常流动吗？——基于跨国经验分析 [J]. 国际金融研究，2022（1）：39-49.

［13］戴炳然. 喜忧参半：欧盟形势回顾与展望 [J]. 欧洲研究，2003（2）：130-136.

［14］邓黎桥，董亮. 中央银行外汇干预的国际经验——基于面板工具变量法的分析 [J]. 国际金融研究，2017（7）：24-33.

［15］邓向荣，张嘉明. 货币政策、银行风险承担与银行流动性创造 [J]. 世界经济，2018，41（4）：28-52.

［16］方先明，裴平，张谊浩. 外汇储备增加的通货膨胀效应和货币冲销政策的有效性——基于中国统计数据的实证检验 [J]. 金融研究，2006（7）：13-21.

［17］方显仓，张卫峰. 人口老龄化与货币政策有效性——理论演绎与跨国证据 [J]. 国际金融研究，2019（7）：14-24.

［18］高海红. 布雷顿森林遗产与国际金融体系重建 [J]. 世界经济与政治，2015（3）：4-29+156.

［19］高然，陈忱，曾辉，等. 信贷约束、影子银行与货币政策传导 [J]. 经济研究，2018，53（12）：68-82.

［20］顾海峰，张元姣. 货币政策与房地产价格调控：理论与中国经验 [J]. 经济研究，2014，49（S1）：29-43.

［21］郭栋. 灾难风险经济冲击效应与货币政策机制选择研究——基于DSGE模型的新冠肺炎疫情经济模拟 [J]. 国际金融研究，2020（8）：24-34.

［22］郭路，刘霞辉，孙瑾. 中国货币政策和利率市场化研究——区分经济结构的均衡分析 [J]. 经济研究，2015，50（3）：18-31.

[23]郭涛，宋德勇. 中国利率期限结构的货币政策含义 [J]. 经济研究，2008（3）：39-47.

[24]郭田勇. 资产价格、通货膨胀与中国货币政策体系的完善 [J]. 金融研究，2006（10）：23-35.

[25]郭豫媚，陈伟泽，陈彦斌. 中国货币政策有效性下降与预期管理研究 [J]. 经济研究，2016，51（1）：28-41+83.

[26]哈拉德·尼茨，孙彦红. 欧元区扩大前景 [J]. 欧洲研究，2005（5）：102-120+7.

[27]韩东平，张鹏. 货币政策、融资约束与投资效率——来自中国民营上市公司的经验证据 [J]. 南开管理评论，2015，18（4）：121-129+150.

[28]何东，王红林. 利率双轨制与中国货币政策实施 [J]. 金融研究，2011（12）：1-18.

[29]何帆. 世界主要发达经济体应对金融危机的措施及其效果评述 [J]. 经济社会体制比较，2009（4）：82-87.

[30]贾康，孟艳. 欧盟宏观经济政策新导向——以财政同盟匹配货币同盟而重归平衡发展重塑国际竞争力 [J]. 河北经贸大学学报，2012，33（4）：5-8+40.

[31]姜跃春. 国际经济格局新变化及其发展趋势 [J]. 人民论坛·学术前沿，2019（1）：30-39.

[32]蒋瑛琨，刘艳武，赵振全. 货币渠道与信贷渠道传导机制有效性的实证分析——兼论货币政策中介目标的选择 [J]. 金融研究，2005（5）：70-79.

[33]金成晓，姜旭. 中国结构性货币政策：理论辨析、政策特点与发展策略 [J]. 经济体制改革，2021（6）：127-134.

[34]李春顶，张瀚文. 新冠疫情全球蔓延的就业和经济增长效应 [J]. 国际经贸探索，2021，37（7）：4-19.

[35]李建伟，杨琳. 美国量化宽松政策的实施背景、影响与中国对策 [J]. 改革，2011（1）：83-106.

［36］李扬. 中国经济发展的新阶段 [J]. 财贸经济，2013（11）：5－12.

［37］李永刚. 美国量化宽松货币政策影响及中国对策 [J]. 财经科学，2011（4）：1－8.

［38］刘冲，庞元晨，刘莉亚. 结构性货币政策、金融监管与利率传导效率——来自中国债券市场的证据 [J]. 经济研究，2022，57（1）：122－136.

［39］刘刚，刘娟，唐婉容. 比特币价格波动与虚拟货币风险防范——基于中美政策信息的事件研究法 [J]. 广东财经大学学报，2015，30（3）：30－40.

［40］刘洪钟，杨攻研. 新兴经济体的崛起与世界经济格局的变革 [J]. 经济学家，2012（1）：81－88.

［41］刘金全，陈润东. 省级财政乘数的经济周期相依性及其异质性成因 [J]. 南开经济研究，2022（9）：42－59.

［42］刘凯，李育，郭明旭. 主要经济体央行数字货币的研发进展及其对经济系统的影响研究：一个文献综述 [J]. 国际金融研究，2021（6）：13－22.

［43］刘瑞. 日本负利率政策：理论及实践 [J]. 日本学刊，2016（6）：38－63.

［44］刘曙光. 当前世界经济形势及中国的对策 [J]. 理论学刊，2019（6）：46－58.

［45］刘伟，王灿，赵晓军，等. 中国收入分配差距：现状、原因和对策研究 [J]. 中国人民大学学报，2018，32（5）：25－43.

［46］刘文秀. 欧盟国家主权让渡的特点、影响及理论思考 [J]. 世界经济与政治，2003（5）：23－28＋78.

［47］刘玚，徐晓萌，王学龙. 政策不确定性、隐性市场干预与资本异常流动：基于15个新兴经济体面板数据的研究 [J]. 世界经济研究，2020（5）：123－134＋137.

［48］刘洋. 美国量化宽松货币政策对中国通货膨胀的溢出效应分析 [J]. 统计与决策，2021，37（23）：151－155.

［49］路继业，张娆. 新兴经济体汇率制度选择：状态依存的视角［J］. 经济研究，2021，56（2）：106-122.

［50］路妍，吴琼. 量化宽松货币政策调整对人民币汇率变动的影响分析［J］. 宏观经济研究，2016（2）：137-149.

［51］马理，余慧娟. 基于 PVAR 模型的美国宽松货币政策的溢出效应研究——以 10 个经济发达国家的数据为例［J］. 财贸研究，2016，27（1）：80-88+114.

［52］马理，余慧娟. 美国量化宽松货币政策对金砖国家的溢出效应研究［J］. 国际金融研究，2015（3）：13-22.

［53］马宇，程道金. 主权债务危机影响因素的实证研究及启示——对新兴经济体与发达经济体的比较［J］. 经济学家，2014（8）：73-82.

［54］梅冬州，宋佳馨，谭小芬. 跨境资本流动、金融摩擦与准备金政策分化［J］. 经济研究，2023，58（6）：49-66.

［55］梅冬州，张咪. 中国与美国货币政策外溢的非对称性——理论建模与实证分析［J］. 中国工业经济，2023（2）：17-35.

［56］牛晓健，裘翔. 利率与银行风险承担——基于中国上市银行的实证研究［J］. 金融研究，2013（4）：15-28.

［57］潘锡泉. 美联储加速退出量化宽松货币政策的影响及对我国的启示［J］. 当代经济管理，2014，36（8）：30-34.

［58］钱雪松，杜立，马文涛. 中国货币政策利率传导有效性研究：中介效应和体制内外差异［J］. 管理世界，2015（11）：11-28+187.

［59］上海社会科学院世界经济研究所宏观分析组，张广婷. 不确定的世界经济：新变局、新风险、新机遇——2019 年世界经济分析报告［J］. 世界经济研究，2019（1）：3-17+135.

［60］盛朝晖. 中国货币政策传导渠道效应分析：1994-2004［J］. 金融研究，2006（7）：22-29.

［61］盛松成，吴培新. 中国货币政策的二元传导机制——"两中介目标，两调控对象"模式研究［J］. 经济研究，2008，43（10）：37-51.

［62］孙华妤，马跃. 中国货币政策与股票市场的关系 [J]. 经济研究，2003
（7）：44-53+91.

［63］谭小芬，韩剑，殷无弦. 基于油价冲击分解的国际油价波动对中国工业行业的影响：1998—2015[J]. 中国工业经济，2015（12）：51-66.

［64］谭小芬，李兴申，苟琴. 美国贸易政策不确定性与新兴经济体跨境股票资本流动 [J]. 财贸经济，2022，43（1）：76-90.

［65］谭小芬，李兴申. 跨境资本流动管理与全球金融治理 [J]. 国际经济评论，2019（5）：57-79+6.

［66］谭小芬，李兴申. 美国货币政策对新兴经济体宏观审慎监管跨境溢出效应的影响 [J]. 国际金融研究，2021（8）：3-12.

［67］谭小芬，李兴申. 新兴经济体应对国际资本流动：文献综述 [J]. 经济社会体制比较，2019（4）：179-191.

［68］谭小芬，李源，苟琴. 美国货币政策推升了新兴市场国家非金融企业杠杆率吗 [J]. 金融研究，2019（8）：38-57.

［69］谭小芬，殷无弦，戴韡. 美国量化宽松政策的退出公告对新兴经济体的影响 [J]. 国际金融研究，2016（7）：18-32.

［70］谭小芬，虞梦微. 全球金融周期与跨境资本流动 [J]. 金融研究，2021
（10）：22-39.

［71］谭小芬. 美联储量化宽松货币政策的退出及其对中国的影响 [J]. 国际金融研究，2010（2）：26-37.

［72］谭政勋，李丽芳. 中国商业银行的风险承担与效率——货币政策视角
[J]. 金融研究，2016（6）：112-126.

［73］汤柳. 欧盟宏观审慎政策的进展与效果评析 [J]. 国外社会科学，2019
（2）：65-74.

［74］唐松，李青，吴非. 金融市场化改革与企业数字化转型——来自利率市场化的中国经验证据 [J]. 北京工商大学学报（社会科学版），2022，37（1）：13-27.

［75］王凡一. 从英国脱欧看欧盟内部经济的不稳定因素 [J]. 当代经济研究，

2017（5）：91-96.

［76］王鹤．欧洲经济政策结构评述［J］.欧洲研究，2003（3）：59-70+6.

［77］王晋斌，李博．中国货币政策对商业银行风险承担行为的影响研究［J］.
世界经济，2017，40（1）：25-43.

［78］王立勇，王申令．货币政策不确定性研究进展［J］.经济学动态，2020
（6）：109-122.

［79］王莹，智艳，张天桂，等．委重投艰的世界经济：新趋势、新应对、
新稳态——2022年世界经济分析报告［J］.世界经济研究，2022（1）：
3-13+134.

［80］王永钦，祁鼎．金融创新如何影响新兴市场金融和经济：兼论中国金
融改革［J］.世界经济，2020，43（7）：146-169.

［81］王永钦，吴娴．中国创新型货币政策如何发挥作用：抵押品渠道［J］.
经济研究，2019，54（12）：86-101.

［82］王勇，陆挺，贾坤，等．中国经济增长的潜力、政策选择与2020全球
宏观经济形势展望［J］.国际经济评论，2020（1）：124-160+8.

［83］王跃生，马相东．全球经济"双循环"与"新南南合作"［J］.国际经济
评论，2014（2）：61-80+5-6.

［84］王云清，朱启贵，谈正达．中国房地产市场波动研究——基于贝叶斯
估计的两部门DSGE模型［J］.金融研究，2013（3）：101-113.

［85］魏玮，张兵．美国量化宽松货币政策对中国经济增长的溢出效应研究
［J］.国际经贸探索，2021，37（5）：99-114.

［86］魏英辉，陈欣，江日初．全球金融周期变化对新兴经济体货币政策独
立性的影响研究［J］.世界经济研究，2018（2）：52-62+135.

［87］吴宏，刘威．美国货币政策的国际传递效应及其影响的实证研究［J］.
数量经济技术经济研究，2009，26（6）：42-52.

［88］吴立元，赵扶扬，王忏，等．美国货币政策溢出效应、中国资产价格
波动与资本账户管理［J］.金融研究，2021（7）：77-94.

［89］伍桂，何帆．非常规货币政策的传导机制与实践效果：文献综述［J］.

国际金融研究，2013（7）：18-29.

［90］向松祚. 量化宽松货币政策：根源、机制和效果［J］. 中国金融，2012（20）：16-18.

［91］肖卫国，兰晓梅. 新一轮美联储加息对中国跨境资本流动溢出效应研究［J］. 经济学家，2017（2）：84-90.

［92］肖远企. 国际金融体系的演变研究［J］. 国际金融研究，2019（4）：3-13.

［93］谢平，罗雄. 泰勒规则及其在中国货币政策中的检验［J］. 经济研究，2002（3）：3-12+92.

［94］谢平. 中国货币政策分析：1998-2002［J］. 金融研究，2004（8）：1-20.

［95］徐忠，张雪春，邹传伟. 房价、通货膨胀与货币政策——基于中国数据的研究［J］. 金融研究，2012（6）：1-12.

［96］徐忠. 经济高质量发展阶段的中国货币调控方式转型［J］. 金融研究，2018（4）：1-19.

［97］徐忠. 中国稳健货币政策的实践经验与货币政策理论的国际前沿［J］. 金融研究，2017（1）：1-21.

［98］严红波. 试论欧盟资本市场一体化的进程与影响［J］. 经济评论，2001（3）：86-88.

［99］杨春蕾，张二震. 疫情冲击下全球经济治理的挑战与中国应对［J］. 南京社会科学，2021（2）：36-42.

［100］杨国栋. 欧盟反危机措施的司法审查研究——兼论后危机时代欧洲一体化模式的博弈［J］. 欧洲研究，2019，37（2）：23-44+5-6.

［101］杨海珍，杨洋. 政策、经济、金融不确定性对跨境资本流动急停和外逃的影响研究：20世纪90年代以来的全球数据分析与计量［J］. 世界经济研究，2021（5）：38-52+135.

［102］杨海珍，张梦婷，陈彤，等. 美元周期与国际短期资本流动及其极端波动的关系：跨国数据分析及启示［J］. 国际金融研究，2021（5）：44-54.

［103］杨盼盼，徐奇渊，杨子荣. 复盘新冠疫情下的美国宏观经济政策［J］.

当代美国评论，2021，5（1）：15-33+123.

[104]叶静怡，康建中. 论欧盟财政功能分工与财政一体化滞后 [J]. 经济科学，1999（6）：117-123.

[105]易纲. 货币政策的自主性、有效性与经济金融稳定 [J]. 经济研究，2023，58（6）：19-29.

[106]易宪容. 美联储量化宽松货币政策退出的经济分析 [J]. 国际金融研究，2014（1）：12-24.

[107]于强. 论欧盟量化宽松货币政策对中国对外贸易的影响及对策 [J]. 云南社会科学，2016（1）：60-63.

[108]袁志刚，邵挺. 中国经济转型与世界经济再平衡 [J]. 学术月刊，2011，43（1）：54-62.

[109]张成思，张步昙. 中国实业投资率下降之谜：经济金融化视角 [J]. 经济研究，2016，51（12）：32-46.

[110]张成思. 通货膨胀、经济增长与货币供应：回归货币主义？ [J]. 世界经济，2012，35（8）：3-21.

[111]张健. 欧盟发展态势及战略动向 [J]. 现代国际关系，2017（12）：14-16.

[112]张礼卿，钟茜. 全球金融周期、美国货币政策与"三元悖论" [J]. 金融研究，2020（2）：15-33.

[113]张陆洋，孔玥. 美国次贷危机大系统因素分析——对中国防范金融风险的启示 [J]. 金融论坛，2020，25（2）：3-7.

[114]张明，肖立晟. 国际资本流动的驱动因素：新兴市场与发达经济体的比较 [J]. 世界经济，2014，37（8）：151-172.

[115]张启迪. 中国宏观经济政策空间之评估及建议 [J]. 当代经济管理，2022，44（7）：1-6.

[116]张雪兰，何德旭. 货币政策立场与银行风险承担——基于中国银行业的实证研究（2000—2010）[J]. 经济研究，2012，47（5）：31-44.

[117]张宇燕，田丰. 新兴经济体的界定及其在世界经济格局中的地位 [J].

国际经济评论，2010（4）：7-26+3.

［118］张玉鹏，王茜. 金融开放视角下宏观经济波动问题研究——以东亚国家（地区）为例 [J]. 国际金融研究，2011（2）：14-24.

［119］赵福昌. 金砖国家经济发展特点与优势 [J]. 中国金融，2011（5）：18-20.

［120］中国经济增长与宏观稳定课题组，张平，刘霞辉，等. 后危机时代的中国宏观调控 [J]. 经济研究，2010，45（11）：4-20.

［121］周晖，王擎. 货币政策与资产价格波动：理论模型与中国的经验分析 [J]. 经济研究，2009，44（10）：61-74.

［122］周继忠. 欧盟东扩与中欧国家的货币汇率政策 [J]. 外国经济与管理，2004（7）：28-32+49.

［123］周建，况明. 中国宏观经济动态传导、可靠性及货币政策机制 [J]. 经济研究，2015，50（2）：31-46.

［124］周英章，蒋振声. 货币渠道、信用渠道与货币政策有效性——中国 1993—2001 年的实证分析和政策含义 [J]. 金融研究，2002（9）：34-43.

［125］朱民，徐钟祥，巩冰，等. 2022 年全球经济金融：结构性通货膨胀之剑和央行的挑战 [J]. 国际金融研究，2021（12）：3-13.

［126］祝继高，陆正飞. 货币政策、企业成长与现金持有水平变化 [J]. 管理世界，2009（3）：152-158+188.

［127］A. M O G. Optimal monetary policy in developing countries：The role of informality[J]. Journal of Economic Dynamics and Control，2023，155.

［128］Abdelsalam M. Asymmetric Effect of Monetary Policy in Emerging Countries：The Case of Egypt[J]. Applied Economics and Finance，2018，5（4）：1-11.

［129］Alami I. On the terrorism of money and national policy-making in emerging capitalist economies[J]. Geoforum，2018，9621-31.

［130］Albert F J，Fern á ndez G N. The impact of monetary policy shocks on net worth and consumption across races in the United States[J]. Economic Systems, 2024, 48(1): 101178.

[131] Anastasios E, Anastasios M. House Bubbles, global imbalances and monetary policy in the US[J]. Journal of International Money and Finance, 2023, 138.

[132] Ben C W, Qian Z. International market risk, monetary policy stance, and corporate financing: China's economic recovery in the post-pandemic era[J]. Journal of Combinatorial Optimization, 2023, 46(1).

[133] Blueschke D, Neck R, Wittmann A. How relieving is public debt relief? Monetary and fiscal policies in a monetary union during a debt crisis[J]. Central European Journal of Operations Research, 2020, 28(2): 1-21.

[134] Boniface Y, Erick K, Biyan T, et al.Monetary policy in China: A Factor Augmented VAR approach[J]. International Review of Economics and Finance, 2024, 89(PA): 975-1008.

[135] Caldas G M, Rodríguez R R D. Do monetary policy credibility and disagreements in inflation and interest rate expectations affect business confidence? Evidence from an inflation targeting developing country[J]. Journal of Money and Business, 2023, 3(2): 159-183.

[136] Changqing L, Yi Q, Yaya S, et al.Risk spillover from international crude oil markets to China's financial markets: Evidence from extreme events and U.S. monetary policy[J]. North American Journal of Economics and Finance, 2024, 70.

[137] Che X N M, Copestake A, Furceri D, et al.The Crypto Cycle and US Monetary Policy[J]. IMF Working Papers, 2023, 2023(163).

[138] Chen P, Miao X. Understanding the role of China' s factors in international commodity price fluctuations: A perspective of monetary-fiscal policy interaction[J]. Economic Analysis and Policy, 2024, 811464-1483.

［139］Ciarlone A，Colabella A. ECB#x27；S non‐standard monetary policy and asset price volatility：Evidence from EU‐6 economies[J]. International Journal of Finance Economics，2020，26（1）：1503-1530.

［140］Cristina M G B. A tale of three prices：Monetary policy and autonomous consumption in the US[J]. Structural Change and Economic Dynamics，2023，67115-127.

［141］D. T M，Thomas N. Stock market evidence on the international transmission channels of US monetary policy surprises[J]. Journal of International Money and Finance，2023，136.

［142］David S，I. R T M，George S. Monetary policy rules with PID control features：evidence from the UK，USA and EU[J]. International Review of Applied Economics，2019，33（6）：737-755.

［143］Eklou M K. The Anatomy of Monetary Policy Transmission in an Emerging Market[J]. IMF Working Papers，2023，2023（146）.

［144］Engler P，Piazza R M，Sher G. Spillovers to Emerging Markets from US Economic News and Monetary Policy[J]. IMF Working Papers，2023，2023（107）.

［145］Esposti R. Non-monetary motivations of the EU agri-environmental policy adoption. A causal forest approach[J]. Journal of Environmental Management，2024，352119992.

［146］Fan L，Hou X，Sun Q. A monetary policy‐based explanation of swap spreads in China[J]. Journal of Futures Markets，2023，43（11）：1645-1667.

［147］Fan W，Changchun P，Weiqiang W. Impact of US monetary policy uncertainty on RMB exchange rate volatility：The role of international capital flows[J]. Finance Research Letters，2023，58（PC）.

［148］Fang F，Deng-Kui S，Debao H. Green bond spread effect of unconventional monetary policy：Evidence from China[J]. Economic

Analysis and Policy, 2023, 80398-413.

[149] Fedajev A, Pantović D, Milošević I, et al.Evaluating the Outcomes of Monetary and Fiscal Policies in the EU in Times of Crisis: A PLS-SEM Approach[J]. Sustainability, 2023, 15(11).

[150] Feng L, Pei T, Zhou Z. The impact of U.S. monetary policy on Chinese firms' innovation[J]. International Review of Economics and Finance, 2024, 921097-1111.

[151] Friedrich H, Gunther S. Editorial: Expansionary Monetary Policy and the Design of Debt Rules in the European Union[J]. The Economists' Voice, 2022, 19(1): 1-3.

[152] Geiger M, Güntner J. The chronology of Brexit and UK monetary policy[J]. Journal of Monetary Economics, 2024, 142103516.

[153] Giorgia N D. Factor-Augmented Vector Autoregression with narrative identification. An application to monetary policy in the US[J]. Economics Letters, 2023, 229.

[154] GONG X, YU J, LUO X. Will the establishment of city commercial banks improve resource allocation efficiency? - Concurrently on bank risk-taking channels of monetary policy in China[J]. Economic Analysis and Policy, 2024, 811513-1526.

[155] Gunther S. EU Taxonomy and ECB Monetary Policy: Moving Towards Centrally-Directed Green Capital Allocation?[J]. The Economists' Voice, 2023, 19(2): 255-261.

[156] Hai J, Chao Y, Zhitao L. Interbank liquidity transmission and the credit channel of monetary policy in China[J]. Research in International Business and Finance, 2023, 66.

[157] Haozhe H, Xingjian W. Monetary policy uncertainty and corporate cash holdings: Evidence from China[J]. Journal of Financial Stability, 2023, 67.

［158］Harendra B，Iman G，Narayan B R. COVID-19 uncertainty，financial markets and monetary policy effects in case of two emerging Asian countries[J]. Economic Analysis and Policy，2023，78173-189.

［159］Högenauer A，Howarth D. The democratic deficit and European Central Bank crisis monetary policies[J]. Maastricht Journal of European and Comparative Law，2019，26（1）:82-94.

［160］Horvath J，Zhong J. Unemployment dynamics in emerging countries: Monetary policy and external shocks[J]. Economic Modelling，2018，7631-49.

［161］Ichiro K I. Inbound portfolio bond investments and domestic monetary policy effect in emerging countries[J]. Applied Economics Letters，2021，28（7）:535-540.

［162］Inaba I K. Inbound portfolio bond investments and domestic monetary policy effect in emerging countries[J]. Applied Economics Letters，2020，1-6.

［163］Ionita G. A Bayesian Approach for the Analysis of Macroeconomic Dynamic in Case of Emerging Countries-Monetary and Fiscal Policy Model[J]. Acta Universitatis Danubius: Oeconomica，2016，12（5）: 51-69.

［164］Ireland N P. US monetary policy，2020‐23: Putting the quantity theory to the test[J]. Journal of Applied Corporate Finance，2023，35（3）: 42-48.

［165］Jiang R，Ruan J. Does Direct Monetary Policy Affect the Supply of Bank Credit to Small and Medium-Sized Enterprises? An Analysis Based on Chinese Data[J]. Sustainability，2023，15（15）.

［166］Joanna S，Katarzyna M. The impact of monetary and fiscal policy variables on the EU economic growth. Panel data analysis[J]. Entrepreneurship and Sustainability Issues，2022，9（4）:380-395.

［167］Juanling Z. Research on the construction and influence mechanism of China' s monetary policy index[J]. Academic Journal of Business Management, 2023, 5(13).

［168］Kacem S, Hicham H, Mehdi B, et al.Towards a Green Monetary Policy for Developing Countries: A Climate Rating Mechanism for Funding Sustainable Projects[J]. Economics of Energy Environmental Policy, 2024, 13(1).

［169］Kan Y Y. Book review: Central Banking and Monetary Policy in Emerging-Markets Nations[J]. Journal of General Management, 2018, 43(3): 139-140.

［170］Kayongo A, Guloba A, Muvawala J. Asymmetric Effects of Exchange Rate on Monetary Policy in Emerging Countries: A Non-Linear ARDL Approach in Uganda[J]. Applied Economics and Finance, 2020, 7(5): 24-37.

［171］Krokida S, Makrychoriti P, Spyrou S. Monetary policy and herd behavior: International evidence[J]. Journal of Economic Behavior and Organization, 2020, 170(C): 386-417.

［172］L. P S. Monetary policy and macroeconomic factors: Japan versus the US and the euro area[J]. Asia and the Global Economy, 2023, 3(2).

［173］Lan M T N. Output Effects of Monetary Policy in Emerging and Developing Countries: Evidence from a Meta-Analysis[J]. Emerging Markets Finance and Trade, 2020, 56(1): 68-85.

［174］Larysa L, Diana S. Turnover in EU Monetary Policy in a Crisis[J]. ECONOMICS, 2023, 11(1): 177-194.

［175］Lastauskas P, Nguyen M D A. Spillover effects of US monetary policy on emerging markets amidst uncertainty[J]. Journal of International Financial Markets, Institutions Money, 2024, 92101956.

［176］Lauris B. The proportionality of monetary policy as a macro-juristic theory[J]. SHS Web of Conferences, 2020, 8501008−01008.

[177]Liao W, Ma J, Zhang C. Identifying exchange rate effects and spillovers of US monetary policy shocks in the presence of time - varying instrument relevance[J]. Journal of Applied Econometrics, 2023, 38(7): 989−1006.

[178]Lina T. Ripple effect: Disentangling the global impact web of US monetary policy[J]. Finance Research Letters, 2023, 58(PB).

[179]Liu G. Monetary Policy and Liquidity Dynamics in China: Investigating the Reasons for the Ineffectiveness of Central Bank Open Market Operations in Alleviating Banking Funding Constraints[J]. Financial Engineering and Risk Management, 2023, 6(10).

[180]L ó pez−Villavicencio A, Mignon V. Exchange rate pass−through in emerging countries: Do the inflation environment, monetary policy regime and central bank behavior matter?[J]. Journal of International Money and Finance, 2017, 7920−38.

[181]Lubys J, Panda P. US and EU unconventional monetary policy spillover on BRICS financial markets: an event study[J]. Empirica, 2020, 48(2): 1−19.

[182]Lunan J, Yinghui C, Lin Z. Monetary policy surprises and corporate investment growth in China[J]. Economic Modelling, 2024, 131106615.

[183]LuoY, NiC, ThewissenJ. Currency flotation and dividend policies: Evidence from China' s central parity reform[J]. Financial Management, 2024, 53(1): 145−174.

[184]M. M T, A. AS, V. NA, et al.International monetary policy spillovers to emerging economies in Sub−Saharan Africa: A global VAR analysis[J]. Scientific African, 2021, 14.

[185]Ma D, Ahsan A, Bilal. Monetary policy, assets mispricing and share pledge: empirical evidence from A−share listed companies of China[J]. Applied Economics, 2023, 55(25): 2889−2901.

［186］Medvedev D, Rama M, Ikeda Y. Advanced - country policies and emerging - market currencies: The impact of US tapering on India's rupee[J]. International Finance, 2019, 22(1): 35−52.

［187］Michael F, Xiang L, Doudou Z. Household indebtedness, financial frictions and the transmission of monetary policy to consumption: Evidence from China[J]. Emerging Markets Review, 2023, 55.

［188］Minghua Z, Yao L. Is There Cross−Cycle Adjustment in China's Monetary Policy?[J]. China Finance and Economic Review, 2023, 12(2): 3−27.

［189］Niccolò D. Under what conditions? How the narrative of EMU fiscal stability is reshaping Cohesion policy's EU solidarity[J]. Journal of European Integration, 2023, 45(2): 293−308.

［190］Ntshangase S L, Zhou S, Kaseeram I. The Spillover Effects of US Unconventional Monetary Policy on Inflation and Non−Inflation Targeting Emerging Markets[J]. Economies, 2023, 11(5).

［191］Oscar A, Mafalda P. How to reverse a negative asymmetric labor productivity shock in the European Union? A directed technical change analysis with fiscal and monetary policies[J]. Mathematical Social Sciences, 2022, (prepublish).

［192］Ozili K P. Impact of Monetary Policy on Financial Inclusion in Emerging Markets[J]. Journal of Risk and Financial Management, 2023, 16(7).

［193］Peña G. Monetary Policy after the Great Moderation[J]. Journal of Central Banking Theory and Practice, 2020, 9(3): 5−26.

［194］Peng J, Sun Z. Navigating the green future: Unraveling the role of fintech, decentralization, natural resources, and monetary policy uncertainty in China[J]. Resources Policy, 2024, 89104573.

［195］Peter D. Designing the fiscal−monetary nexus: policy options for the EU[J]. Review of Social Economy, 2023, 81(1): 154−171.

［196］Povilas L，Minh D A N. Global impacts of US monetary policy uncertainty shocks[J]. Journal of International Economics，2023，145.

［197］Pradyumna D. The effects of conventional and unconventional monetary policy on the unemployment rate in the US[J]. Journal of Economic Studies，2023，50（7）：1413－1427.

［198］Public Policy and Administration；Studies from Corvinus University Yield New Information about Public Policy and Administration（Unintended outcomes effects of the European Union and the International Monetary Fund on Hungary' s public sector and administrative reforms）［J]. Politics Government Business，2020.

［199］Qiu S. Macro－economic Regulation of China under the Influence of Monetary Policy[J]. Academic Journal of Business Management，2023，5（22）.

［200］Quadrini V. The Impact of Industrialized Countries' Monetary Policy on Emerging Economies[J]. IMF Economic Review，2020，68（3）：550－583.

［201］Rashad A. Flights－to－safety and macroeconomic adjustment in emerging markets：The role of U.S. monetary policy[J]. Journal of International Money and Finance，2023，133.

［202］Rene L C. The Channel of Female Employment in the Transmission of Monetary Policy in the Dominican Republic[J]. International Journal of Economics and Finance，2023，15（8）：80.

［203］Robert D，Andrew T. Monetary policy shocks and resource misallocations in the Periphery：Evidence from Chinese provincial bond yields[J]. Journal of International Money and Finance，2023，137.

［204］Schnabl G，M ü ller S. The Brexit as a Forerunner：Monetary Policy，Economic Order and Divergence Forces in the European Union[J]. The Economists' Voice，2019，16（1）：20190029－20190029.

［205］Shaobo L，Yulan Z，Hao T. Asymmetries in multi-target monetary policy rule and the role of uncertainty：Evidence from China[J]. Economic Analysis and Policy，2023，80278-296.

［206］Sheunesu Z. Shadow Banking，Bank Liquidity and Monetary Policy Shocks in Emerging Countries：A Panel VAR Approach[J]. Journal of Economics and Behavioral Studies，2020，11（6（J））：52-65.

［207］Simone D N F. The transmission of U.S. monetary policy to small open economies[J]. Journal of International Money and Finance，2024，142103038.

［208］Sonali D，Wenting S. Monetary policy transmission and policy coordination in China[J]. China Economic Review，2023，82.

［209］Song J，Shuang Q，Hong Z. Will digital financial development affect the effectiveness of monetary policy in emerging market countries?[J]. Economic Research-Ekonomska Istraživanja，2022，35（1）：3437-3472.

［210］Soyoung K，Kuntae L. Effects of monetary policy shocks on exchange rate in emerging countries[J]. The World Economy，2021，45（4）：1242-1261.

［211］Stefan H，Marco R，Lukas V. The macroeconomic effects of unconventional monetary policy：Comparing euro area and US models with shadow rates[J]. Economic Modelling，2023，127.

［212］Suhua T，Dihai W，Li W. Spillover impact of the U.S. monetary policy shock on China' s economy：capital flow channel[J]. Economic research - Ekonomska istraživanja，2023，36（2）.

［213］Suhua T，Li W. Global spillover impact of US monetary shocks on China - based on empirical test of GVAR model[J]. The Journal of International Trade Economic Development，2024，33（3）：462-481.

［214］Sumando E. WHAT PROTECT EMERGING MARKETS FROM DEVELOPED COUNTRIES UNCONVENTIONAL MONETARY

POLICY SPILLOVER?[J]. Bulletin Ekonomi Moneter dan Perbankan, 2017, 19(4): 443-468.

[215] Tang Z, Mohammad H, Muhammad U, et al.The role of monetary and fiscal policies in determining environmental pollution: Revisiting the N-shaped EKC hypothesis for China.[J]. Environmental science and pollution research international, 2023, 30(38): 89756-89769.

[216] Taufiq C. Economic policy uncertainty and the UK demand for money: evidence from the inter-war period[J]. Journal of Economic Studies, 2023, 50(7): 1485-1500.

[217] Thorbecke W. The Impact of Monetary Policy on the U.S. Stock Market since the COVID-19 Pandemic[J]. International Journal of Financial Studies, 2023, 11(4).

[218] Tosun B, Başar S. Financial Fragility in Developing Countries: An Analysis in the Context of Monetary Policy and Central Bank Independencesup1/sup[J]. Journal of Central Banking Theory and Practice, 2024, 13(1): 89-116.

[219] Unconventional Monetary Policies in Emerging Markets and Frontier Countries[J]. IMF Working Papers, 2021, 2021(014).

[220] Wang X, Tang Y. Does non-bank fintech development hurt the effect of targeted monetary policy tools? Micro evidence from China[J]. Finance Research Letters, 2024, 62(PA): 105121.

[221] Wu N, Zhang Z, Lin B. Responses of financial stress and monetary policy to global warming: Evidence from China[J]. International Review of Financial Analysis, 2024, 92103092.

[222] Xin H, Bo Z, Hongyu Z. Impact of low-carbon monetary policies on climate-related systemic risk: Evidence from China[J]. Journal of Cleaner Production, 2024, 434.

[223] Yang J. Heterogeneous Impact of Monetary Policy on China' s

Real Estate Market[J]. Journal of Social Science Humanities and Literature,
2023, 6(6).

[224] Yi J, Shuo W, Lin B, et al.Unconventional, conventional monetary
policies, and optimal energy supply structure in China[J]. Finance
Research Letters, 2023, 54.

[225] Yong C, Dingming L, Ziguan Z. The spillover effects of China' s
monetary policy shock: Evidence from BR countries[J]. Emerging Markets
Review, 2023, 55.

[226] Yong-Gook J, Jinyong K. Banks' net interest rate spread and the
transmission of monetary policy in Korea[J]. Journal of Asian Economics,
2023, 89.

[227] Yongqing W. Long-run Effects of Monetary Policy of China on Its
Economic Growth[J]. The Chinese Economy, 2023, 56(6): 431−440.

[228] Yongzhi G, Xiaofei T, Chung E C. Correction: Group norms and
policy norms trigger different autonomous motivations for Chinese
investors in cryptocurrency investment[J]. Humanities and Social Sciences
Communications, 2023, 10(1).

[229] Youn K. Intellectual entrepreneurs and U.S. International monetary policy
change in the early 1970s[J]. Policy Studies, 2023, 44(3): 356−376.

[230] Yueli X, Xiaodan J, Shuwei Z, et al.How do the dual effects of financial
development change the transmission of monetary policy? − Evidence
from China[J]. North American Journal of Economics and Finance, 2023,
68.

[231] Yupeng Z, Min H, Yoonbai K, et al.Government innovation subsidy,
monetary policy, and corporate RD investment: evidence from China[J].
Asian Journal of Technology Innovation, 2023, 31(2): 356−374.

[232] Zehri C, Sadjadi M Z, Ammar I S L. Asymmetric impacts of U.S.
monetary policy on emerging markets: Contagion and macroeconomic

determinants[J]. The Journal of Economic Asymmetries，2024，29e00354.

［233］Zixi L. Chinese monetary policy spillovers on its international portfolio investment flows[J]. Journal of International Money and Finance，2024，141103007.